中国少数民族人口丛书

基诺族

翟振武 主编

张 巍 编著

中国人口出版社
China Population Publishing House
全国百佳出版单位

图书在版编目（CIP）数据

基诺族/张巍编著．—北京：中国人口出版社，2014.4（2022.7重印）
（中国少数民族人口丛书）
ISBN 978-7-5101-2426-6

Ⅰ．①基… Ⅱ．①张… Ⅲ．①基诺族－民族文化－中国 Ⅳ．①K287.8

中国版本图书馆 CIP 数据核字（2014）第 068742 号

中国少数民族人口丛书 基诺族
ZHONGGUO SHAOSHU MINZU RENKOU CONGSHU JINUOZU
翟振武 主编 张 巍 编著

责任编辑 曾迎新
美术编辑 刘海刚
责任印制 林 鑫 王艳如
出版发行 中国人口出版社
印 刷 北京兴星伟业印刷有限公司
开 本 710 毫米 ×1000 毫米 1/16
印 张 9.25 插 1
字 数 132 千字
版 次 2014 年 4 月第 1 版
印 次 2022 年 7 月第 2 次印刷
书 号 ISBN 978-7-5101-2426-6
定 价 38.00 元

网 址 www.rkcbs.com.cn
电子信箱 rkcbs@126.com
总编室电话 (010) 83519392
发行部电话 (010) 83510481
传 真 (010) 83538190
地 址 北京市西城区广安门南街 80 号中加大厦
邮 编 100054

中国少数民族人口丛书编委会

序

如果把一个民族比作一颗星星，那我们就是生活在一个繁星满天的世界。当今世界上有约 3000 个民族，分布在 200 多个国家和地区，绝大多数国家由多个民族组成。中国也是同样，是由各族人民共同缔造的统一的多民族国家。在漫漫的历史长河中，生活在中华大地上的各族人民密切往来、交流融合、团结奋斗、休戚与共，形成了一个伟大的强盛的中华民族大家庭，共同开发了祖国的美好河山，共同推动了国家的发展和社会的进步。

在中华民族的大家庭中，有 56 个成员，其中有 55 个是少数民族。新中国成立以来，少数民族人口一直持续增长。1953 年第一次全国人口普查时，少数民族人口总数为 3532 万人，占全国总人口的 6.1%。2010 年进行第六次全国人口普查时，少数民族人口总量达到了 1.14 亿，几乎是 1953 年的 3 倍，占到了全国 13.4 亿人口的 8.5%。各少数民族人口数量相差较大，如壮族有 1693 万人，回族 1059 万人，满族 1039 万人，维吾尔族 1007 万人，而赫哲族只有 5354 人，塔塔尔族 3556 人，独龙族 6930 人。中国各民族的人口分布呈现大散居、小聚居、交错杂居的特点。汉族地区有少数民族聚居，少数民族地区也有汉族居住；许多少数民族既有一块或几块聚居区，又散居全国各地。中国少数民族聚居区大都地广人稀，资源富集。少数民族地区的草原面积，森林和水力资源蕴藏量，以及天然气等基础储量，均超过或接近全国的一半。全国2.2万多公里陆地边界线中的1.9万公里在民族地区。全国的国家级自然保护区面积中民族地区占到85%以上，是国家的重要生态屏障。中国各民族的起源和经济、社会、文化的发展有着本土性、多元性、多样性的特点，五彩缤纷，丰富多彩。

要全面认识中华民族，就要从认识每一个民族开始。正是从这个理念出发，我们编写了这套《中国少数民族人口》大型系列丛书，力图从历史、文化、经济、社会等各个方面，用准确、科学、生动的语言，全方位描述和展现各少数民族灿烂辉煌的历史和现状，编织出一幅绚丽多彩的中华民族大家庭的“全家福”。

编写这样一套大型系列丛书，难度非同一般。几经论证和深入研讨，最终形成了编写大纲，这套丛书各个分卷的作者绝大多数由少数民族作家担任，他们不仅熟悉自己民族的历史和文化，而且对本民族有深厚的感情。在国家新闻出版总署、国家人口计生委和中国人口出版社的大力支持下，作者们历经数年，几易其稿，终成此书。值此丛书出版之际，我们衷心地祈愿这幅“全家福”能为民族的交流和团结，为中国的文化建设，为整个中华民族的繁荣昌盛，作出一份微薄的贡献。

翟振武

2012年5月于北京

PREFACE

Every nationality sparkles like a star in the firmament. Now we have about 3000 stars distributed across the world in more than 200 countries, most of which are multinational. So is China, which consists of a number of nationalities. For centuries, all the nationalities have lived together, worked together and fought together, making China a prosperous unified multinational country.

Of all the 56 nationalities in China, 55 are minorities whose population has been increasing since the founding of The People's Republic of China. According to the first census in 1953, the minority population was about 35. 32 million, accounting for 6. 1 percent of China's total population. By 2010, the number had almost tripled. According to the sixth census, the population of the minorities amounted to 114 million, making up 8. 5 percent of the 1. 34 billion people in China. The population size of minority groups varies a lot. Some of them have a large population, for example, the Zhuang Nationality has a population of 16. 93 million; the Hui has 10. 59 million people and the Manchu consists of 10. 39 million people. Some of the minorities are quite small, such as the Hezhe, the Tatar and the Drung nationalities, which have populations of 5354, 3556 and 6930, respectively. China's nationalities live together over vast areas with some living in individual, concentrated communities in small areas.

Some minorities'concentrated communities are scattered among the Hans, and some Han people also live in the minority communities. Some minorities may have one or more concentrated communities, while their people spread all over the country. Most minorities'concentrated communities have their people sparsely distributed in large areas with abundant resources. The grassland, forest, water and natural gas reserves in areas inhabited by minority people account for about half of China's total. Further, 19 000 kilometers of the nation's 22 000-kilometer land boundary are in minorities'communities. In addition, 85 percent of the country's state-level natural reserves are in the minority areas, making the people important guardians of China's ecology. Each of the nationalities'origin is unique, and their development of economy, society and culture is full of variety.

Only by learning every aspect of the minorities'lifestyle can we have a comprehensive understanding of the Chinese nation. Under this notion, we write this series of books on the Population of China's Minorities to provide a detailed picture of our Chinese nation, with the glorious past and prosperous present of the country's minorities.

It is through trials and tribulations that we write this spectacular series of books. Most of the authors, who have profound knowledge of the minorities and wrote the books with their strong emotions, are members of minority groups. With the great support of the National Publication Foundation, the National Population and Family Planning Commission and China Population Publishing House, the authors completed the books after years of unremitting endeavor.

On the publication of this series of books, we are looking forward to seeing these books contribute to the unity of the Chinese nation and help our country flourish in the future.

Zhenwu Zhai

Beijing

May 2012

目录

Contents

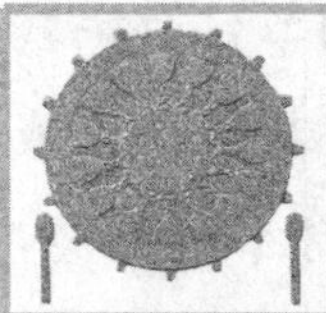

综　述

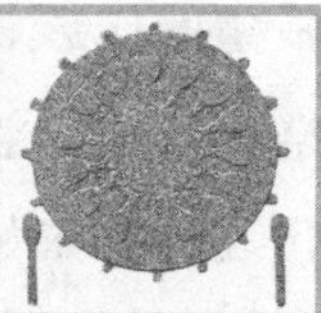

基诺族，他们世代生活在风光秀美的大山深处；他们人口较少却古老、自然而独特；他们欢庆时会跳起神圣的太阳鼓舞；他们历经波折被最后识别。

基诺族是云南省境内的一个少数民族，主要人口聚居在西双版纳傣族自治州景洪市基诺山基诺族乡，其余散居在四邻山区。基诺族乡俗称基诺山，基诺语称其为“基诺洛克”，汉文译为“攸乐山”。一般基诺族习惯自称为“基诺”，汉族称其为“攸乐”。几乎每个民族的名称背后都包含着特殊的含义，基诺族也不例外，“基”代表“舅舅”的意思，“诺”代表“跟在后面”的意思，“基诺”直译过来就是“跟在舅舅后面的人们”，引申为“舅舅的后代”或“尊崇舅舅的民族”。

基诺族是一个与自然和谐相处而又历史悠久的民族。基诺山地处热带山区，年平均气温在20℃左右，温度宜人，降雨丰沛。山区内河溪蜿蜒交错，清澈如泉，入口甘甜。深山之中，古木茂密参天，野生动植物种类繁多。一年之中，基诺山春季芳香弥漫，夏季湿热多雨，秋季果实累累，冬季温暖无雪，基诺族世代在这片土地上生活繁衍。基诺族起源的传说中，玛黑和玛妞兄妹互相通婚后人口繁衍，分化出两对寨子，两对寨子又分别通婚，代代相传，一直以母系民族社会形态存在。此后经历了300多年的发展，基诺族完成了母系社会向父系社会的转变，确立了父权制。

在这段期间，基诺族社会按照不同氏族共同居住的地缘单位组织起来，村寨之间边界规定明确，关系密切。村寨中有年龄最长并享有威望的氏族长老“卓巴”和“卓生”，他们负责主持隆重的节日及宗教祭祀仪式，管理村寨日常事务，安排生产活动，是村寨长老制的权威代表；有未婚青年男女组织“饶考”和“米考”，他们经常举行聚会，为青年男女提供接触的机会，同时约束青年男女的行为，灌输团结互助的集体观念。村寨中还有涉及生活方方面面的原始习惯法则，它与道德伦理相结合，评判是非，调节矛盾，维护了村寨的正常社会秩序运转。村寨里的人民热爱自然、推崇平等，保持着淳朴的原始风尚。

由于基诺山盛产普洱茶，明末清初时汉族商人开始进入，推广种茶、制茶技术，从此对基诺族有了一定的文字记载。清朝时期，曾在基诺山筑城驻守，并打算建立重镇，但因瘴气裁撤，改由傣族土司统治。民国时期，基诺山设保甲长，负责征缴赋税。由于赋税沉重，基诺人为此团结其他民族同胞，进行了艰苦卓绝的斗争。新中国成立后，基诺族经历了基诺洛克生产文化站、人民公社和区乡政权的转换，最后成立了民族乡。正如基诺族的老人们讲的那样：“从分天分地分界线起，基诺族就同其他民族不一样，应当是一个民族。”1979 年，基诺族经过民族识别后成为中国最后确认的一个少数民族，从此以后，基诺族的人口、社会、家庭、经济都发生了巨大改变。基诺族的人口从新中国成立初期的 3000 多人，增加到 2010 年的 2 万多人，人口数量实现稳步增长，人口自然结构合理。同时，基诺族的产业结构发生改变，职业分布广泛化、多元化趋势明显。教育事业、卫生事业发展成绩显著，人口素质有了明显提高，身体健康有了可靠保障。

走进基诺族的村落，你可以体验到基诺族简单智慧的生活。基诺族服饰色彩艳丽，以男子衣服背部佩缀日月花饰为显著特征。基诺族

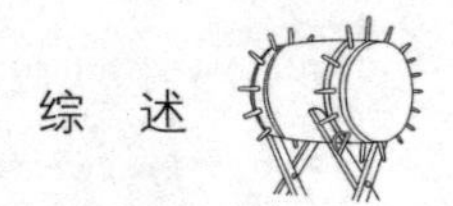

喜欢吃酸味、辣味的食物，三餐主食以大米为主，菜肴以臼舂为主，酷爱饮酒、饮茶。基诺族居住的竹楼，十分注重房址的选择和进驻新房的仪式，材料以竹木为主，以茅草为顶，舒适、向阳。基诺族有狩猎的传统，使用的工具有扣子、压木、弓弩等十余种，多是自己制作。基诺族喜欢装饰自己，用槟榔染齿或用鲜花插耳，表达对美的享受和追求。

尽管基诺族在日常生活中使用基诺语，在过去多以竹木记事，没有本民族的文字，但民间艺术仍代代传承，多姿多彩，异常璀璨。基诺族的民间故事内容广泛，寓意深远；基诺族的民间谚语倡导典范，简单易懂；基诺族的民间音乐情真意切，即兴创作，无论男女老幼都能吟唱，最动人的是古老的“巴什”情歌；基诺族的民间舞蹈欢乐活泼，样式繁多，是基诺族生活中不可缺少的部分，最精彩的是神圣的“太阳”鼓舞。基诺族盛行祖先崇拜，信仰万物有灵，他们认为人死后灵魂会回到祖先居住的地方，在另一个富裕、幸福的世界中生活。于是，他们以独木为棺，将离去的人葬在公共墓地，使他们能够与祖先团聚。

基诺人的情感世界真挚、自然，向往忠贞不渝的美好爱情。基诺族的男女青年要经过严肃的成年礼，换上成人衣服，参加群体组织，取得恋爱的资格。此后，用树叶作为沟通信物，经过浪漫的秘密约会、公开的恋爱关系和适时的朝夕相处、共同生活，才会步入婚姻的殿堂。基诺族奉行一夫一妻制，婚后组成的家庭分为大家庭和小家庭。传统社会里，基诺族有两种大家庭，一种是子女几代在一个男性家长领导下，集体劳动，共同消费，家长有支配家庭的权力；另一种是同一父系氏族的数代人居住在一幢大竹楼里，也有一个最年长的男性家长，但各个小家庭经济独立，自成一体。现代社会里，大家庭基本解体，小家庭完全确立，这些是基诺社会发展的必然选择，体现了基本社会群体发展的正常轨迹。

新中国成立前，基诺族过着“刀耕火种”的生活，这是一种有序循环的轮歇耕种，是对生态环境高度适应的结果。但是随着人口数量的增加和森林资源的减少，维持“刀耕火种”的基本条件发生了变化，基诺族的生活日益贫困、艰辛。新中国成立后，通过互助合作、发展生产等各项工作，人民的生活水平逐步提高。改革开放后，基诺族因地制宜，转变观念，完善基础设施建设，提出多种经营思路，综合发展，并依托地理、历史及区位优势开发了畜牧业、茶产业和旅游业三大特色产业，地区经济发展迅速，收入来源不断增加，基诺族人民的生活水平得到显著提高。一直以来，基诺族的发展受到党和政府的高度关注，先后有多位国家领导人曾经到基诺山视察走访，他们十分关心基诺族的发展，希望把基诺山建设得更加富裕文明。这有如一股春风，极大地鼓舞了基诺族人民，他们热情高涨，抓住机遇，努力拼搏向前。如今的基诺山已经发生了翻天覆地的变化，真正实现了跨越式发展。

今天，随着经济全球化、世界一体化的大时代到来，现代文明不断冲击着基诺山，基诺族用自己深厚的文化底蕴和充盈的民族智慧迎接着更多的挑战。在中华民族大家庭中，每一个民族的历史都是那么深远悠久，每一个民族的风俗都是那么灿烂夺目，每一个民族的文化都是那么绮丽辉煌。基诺族，作为其中骄傲的一员，带着特有的自然古朴，插上进步、繁荣的翅膀，会飞向更加美好的明天。

第一章

基诺山里话“基诺”

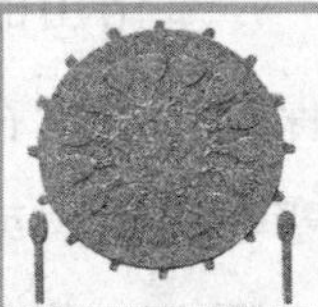

原始森林密布的热带山区——基诺山，犹如世外桃源，气候宜人，风景秀美，资源丰富，孕育了古老、质朴的基诺族。基诺族历史悠久，经历了母系氏族时代和父系氏族时代，经历了明朝、清朝及傣族土司的统治。20 世纪 40 年代，基诺族联合瑶族、哈尼族、布朗族等民族一起，为反抗国民党政府的民族压迫进行了艰苦卓绝的斗争。新中国成立以后，基诺族建立了新型政治体制，经济结构、社会结构都发生了翻天覆地的变化。1979 年 6 月 6 日，基诺族被确认为第 56 个民族，成为我们国家最后识别的少数民族。

第一节　大山深处的山寨风光

基诺山是基诺族聚居全部山区的简称，位于西双版纳傣族自治州景洪市东北部。它东靠勐仑镇，南邻勐罕镇，西连勐养镇，北接普文镇和象明乡，距离景洪市 50 公里左右，面积达 600 多平方公里。基诺山的原始森林和生态环境远近闻名，几乎没有受到近代文明的冲击和洗礼，保持了完好的原始热带雨林风光，拥有得天独厚的生态资源，与现代城市的拥挤喧嚣形成鲜明对比，成为人类拥抱自然、感悟生命的净土，被人们赞誉为“王冠上的绿宝石”。

一、“王冠上的绿宝石”

基诺山的美景不仅在于大自然的恩赐，还有基诺族后天的装饰和保护。行走在基诺山里，一路美景，尽收眼底。高山巍峨耸立，河道弯弯曲曲，或高或低的森林繁茂参天。基诺族的山寨坐落在山顶或半山腰上，藏于密林之间。远远望去，还有一片片样式别致的竹楼，纵横交错，装点着这幅美丽的画卷。

基诺山处在横断山脉无量山末梢中的丘陵地带，地形如波纹状，连绵起伏，山高谷深，相对高差大，里高外低，中部、东北部向东南部、南部、西部以及西北部倾斜。[①] 山区内的山川纵横交错，山峰对峙。其中亚诺山亚诺岩、银场岩最高，海拔均为1482.5米，小黑江岸最低，海拔为550米。其余的如绿德山、杰卓山、巴亚茄玛山、大谷地高山等海拔均在1400米以上。基诺山拥有国有森林约45万亩，国家自然保护区8.6万亩，森林覆盖率达到78%。林地随着山势呈垂直分布，海拔1000米以下为热带季雨林，海拔1000米以上为热带常绿阔叶林，林波涟漪间，还附生和寄生着藤本、木本、草本等多种植物，它们相互缠绕、相互依存，郁郁葱葱连成一片。基诺族将森林看作衣食父母，特别重视保护森林。他们按照地理位置，将山寨周围的山林具体分为景观林、护寨林、护路林等不同类型，并按照不同的标准进行不同程度的保护。

基诺族有句老话：山上有林泉水淌，山上无木河水干。基诺族把森林保护得好，山上的河水也是绵延不绝。基诺山山区内河流众多，较大的有小黑河、南星河、南本河、莱阳河、巴卡河。这些河流有些

① 于希谦．基诺族文化史．昆明：云南民族出版社，2000：1.

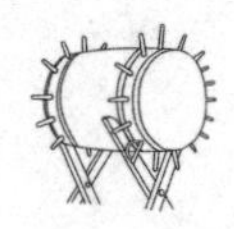

是缓缓细流，有些是汹涌湍急，犹如基诺山的血液一般，鲜活清澈，滋润每一寸山林土地。因为独特的地理位置，基诺山属于亚热带高原季风气候，夏热多雨，冬暖无雪，偶尔有霜，日照充足，四季葱绿。气温总体温和，变化较小，没有明显的四季之分，其中最热月的平均气温为18～20℃，最高气温为34.9℃，最低气温为5.8℃。全年之中，11月到次年4月为干季，天干物燥；5～10月为湿季，雨量充沛，其中7～8月为盛雨季。从6月以后，基诺山开始有雾，11月到次年2月雾气最盛。每逢有雾期，清晨的基诺山都会雾气弥漫，山寨像悬浮在天边，四周绿色若隐若现，如同人间仙境。

基诺族村落远眺　（傅光摄）

二、“天然的动植物宝库”

基诺山是天然的珍稀植物和动物宝库。土壤质量优良，属于紫色沉积砂岩和季雨林条件下发育的赤红壤，有机质较多，湿润肥沃，适宜多种植物生长。基诺山中，有森林树种1000多种，包括四花树、柚木、八宝树、望天树、短齿苏铁等。其中，仅中药树就有30多种，野生的有黄草、玉京、千年健、吴芋、草蔻、红蔻、千张纸、车前子等24种，还有一些是非常珍贵难得的植物，如美登木是抗癌植物，龙脑香是香料植物等。基诺山有经济作物2000多种，这些植物大多用于油料、香料、树脂等方面的提炼和加工，主要包括茶叶、棉花、砂仁、橡胶等。基诺山的野生菜果种类繁多。盛产的水果主要有香蕉、黄果、橘子、芒果等；盛产的竹笋主要有甜竹笋、毛竹笋、花竹笋、麻金竹笋等；盛产的野菜主要有梨板菜、野芥菜、马蹄根、刺菜等；盛产的菌类主要有牛舌菌、筛子萝、酸菌、脆脚菌等，其他的奇花异草更是不计其数、数不胜数。

同时，在基诺山的多层次交错的原始森林中，生活着数目繁多的野生动物。其中，哺乳动物100多种，鸟类420余种，两栖类36种，爬行类60多种，鱼类100余种[①]。具体包括虎、豹、狼、熊、野牛、野猪、野象、马鹿、岩羊、斑鸠、团鸡、孔雀、竹鼠、松鼠等。基诺山地区矿产资源丰富，有铜、铅、铁等众多矿种，其中对非金属矿产石灰岩的开采比较多，目前已有多家企业开采石料，供应周边乡镇建筑使用。

第二节　神奇多彩的创世神话

基诺族历史悠久，代代传颂着一个又一个的创世神话，有关于打破世界混沌初开的“阿嫫尧白”故事、有关于各民族由来的玛黑和玛妞的故事、还有关于茶祖孔明的传说，这些故事传说尽管情节不同，内容有所出入，但是都显示出基诺人对大自然的热爱和敬畏，对维系

① 于希谦．基诺族文化史．昆明：云南民族出版社，2004：4.

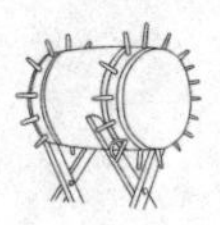

种族繁衍生息的渴求，对各民族和平共处的向往，它们交相辉映，成为基诺族起源文化的精魂。

一、造地的母亲

相传世界在最初的时候，没有天地，没有黑天和白昼，宇宙间到处充满了大水。某一天，大水之间突然漂浮着一个张着眼睛的庞然大物，过了很长时间后，它裂开一道缝隙，从里面走出来一位女巨人。她将庞然大物掰成两半，用九根坚硬无比的石柱撑在两半之间，并用九条绳索将其中的一半拴吊起来，天地成形。为了拉近天地之间的距离，女巨人揪起大地靠近天空，这样大地有了褶皱，造成了山川、平原、河流。庞然大物的眼睛成为天上的太阳，两个太阳照得大地炙热干枯，女巨人留着其中一个，让它白天挂在天上，于是造成了白天和太阳；女巨人又用唾液抹住另一个，让它晚上挂在天上，于是造成了黑夜和月亮。做这些事情时女巨人的手印也留在天上，于是造成了星星。女巨人将身上的泥点撒向大地，又造成了小草、树木、鲜花，大地上出现了植物。紧接着，她将剩下的泥点继续抛向大地，细长一些的成了人类，稍重一些的成了动物，稍轻一些的成了鸟类，落在河里的成了鱼类。一切生物都出现了，大地上到处生意盎然。

这位女巨人就是基诺人创世神话的主角——阿嫫尧白。在基诺语中，“阿嫫”是母亲的意思，“尧”是大地的意思，“白”是翻或造的意思，“阿嫫尧白”就是“造地的母亲”的意思。阿嫫尧白的故事反映了女性在基诺族创世历史中的重要作用，这个故事并没有结束，造天地、日月、星辰、万物只是个开始，之后才有了基诺族的起源故事。

二、洪水的故事

阿嫫尧白用自己身上泥点所造的万物，都带有她的灵气，都很聪明。所有的植物、动物和人类都一样会说话，都希望征服其他的生物，他们相互争吵、攻击，直至相互厮杀，大地的和谐被打破了，一片混乱。阿嫫尧白看到这种情形，十分生气，她造了七个太阳，希望它能晒死所有生物，结束这一切，重新开始。七天七夜过去了，大地一片焦枯，植物都被晒死了，但是还有一些狡猾的人和动物钻进山洞，逃过了此劫。阿嫫尧白没有放弃重新创造世界的念头，决定用洪水淹死那些躲进山洞里的人和动物。这个时候，她发现了诚实善良又很像自己的两兄妹：玛黑和玛妞，她不忍心毁掉他们俩，就把玛黑、玛妞放在一面大鼓里，并在里面放了足够的粮食，告诉他们不要出来，然后开始呼风唤雨。

基诺族人的祖先：阿嫫尧白像 （武松摄）

七天七夜之后，洪水淹没了整个大地，万物都被淹死了。在大鼓里的两兄妹，吃光了鼓里面的食物，从鼓里走了出来。这时的大地一片凄凉，玛黑和玛妞开垦耕种，相依为命地生活在一起。日子一天天

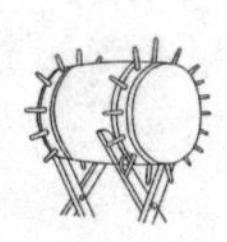

过去，玛黑和玛妞成了白发苍苍的老人，这时，他们意识到如果他们俩都死了，世界上就再也没有人了。于是他们结成夫妻，但是他们已经过了生育年龄，没办法生儿育女了。有一天，玛黑爬到救过他们性命的木鼓里，无意中摸出了一颗葫芦种子，他想也没想就把种子种在了地里，细心地培育着。葫芦种子长得十分茂盛，藤蔓爬过九座山，结满了大大小小的葫芦。奇怪的是，慢慢地葫芦一个个都死掉了，只留下其中一个最大的，里面还有人说话。于是，玛黑、玛妞打算用火棍捅开葫芦，看个究竟。前三次的时候，每次都听见里面有声音说：“不要捅我。”第四次时，听见的是一个和蔼老祖母的声音，她说：“不要怕，朝我这边捅吧！”最后，葫芦被捅开了，里面跳出来几个人。他们依次是景颇族、汉族、傣族和基诺族。

玛黑和玛妞在经历洪水之灾后，兄妹成婚，通过种葫芦得以传承种族，繁衍后代，这段故事在世代相传中经过多次加工，版本不同，叙述的情节也不同，但是总体的情节脉络是一致的。漫天的洪水淹没了一切，反映了基诺族早期在与大自然作斗争中经历了无数艰辛；兄妹成婚的经历，看到了基诺族原始时代血缘婚的影子；捅葫芦时老祖母的献身，充满了基诺族对母系的尊重；从葫芦中依次而出的民族，表明了各民族相生相伴、和谐共处的历史。

三、孔明之说

关于基诺族的由来传说还有一种表述与诸葛亮（字孔明）相关。

相传三国时期，孔明率军南征到基诺山附近。因为长途跋涉，士兵们困苦不堪。一些人实在熬不过去，就偷偷地睡了一觉，结果一觉醒来已经掉队了。当他们赶上队伍时，孔明因为这些士兵犯军规，不再接收他们。但是给了他们茶籽，教会他们种茶，并按照自己帽子的样式，为他们设计了房屋，让他们就地安居。这些人就是基诺人的祖先，被称为“丢落人”，因为“丢落”与“攸乐”谐音，所以也称这些人为“攸乐人”。孔明也因教会了基诺族人种茶，被尊称为茶祖。还有一种传说：古时候，孔明向云南王要一片土地，云南王问他要多少，他回答只要一弓之地，云南王同意了。孔明请人造好弩，派三千人拉弩，八百人抬箭，一箭就射到基诺山的孔明山。云南王派人去找箭，有的人就在山上睡着了，留在了山上，他们便是基诺族的祖先。①

其实，关于孔明到过基诺山只是一个传说。据相关学者考证，孔明南征大军根本没有到过基诺山附近。将基诺族的起源与孔明故事联系在一起，更多的是反映了对民族团结的向往。

基诺族只有自己的语言，没有属于本民族的文字，对于世界的起源、人类的由来、祖先的历史，依靠的是竹木记事和口头讲述。但是，这些没有影响基诺族创世神话的神奇多彩，恰恰是这些故事传说反映了基诺人在世世代代的生活生产中总结的宝贵经验。基诺人用民族生存的智慧凝聚汇成了独特的创世神话，表达了对和平、美好生活的畅想。

第三节　最后识别的少数民族

“基诺”一词是基诺族的自称。20 世纪 80 年代，经过基诺族的长老和有关学者的共同讨论，一致认为：“基诺”意为“尊重舅舅的民族”。基诺族是一个古老原始的民族，对于其发展历史的梳理，要从他的发祥地基诺山开始谈起。

一、新中国成立前的历史

在基诺族的族源神话中，有这样一种描述：玛黑和玛妞兄妹成婚

① 陈平编．基诺族风俗志．北京：中央民族学院出版社，1993：5.

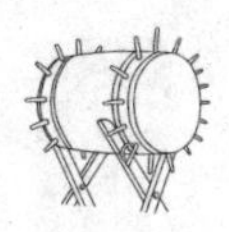

后，生下七个儿女，除第一个孩子不幸夭折外，剩下六个儿女都健康地长大成人。这六个儿女正好三个女儿、三个儿子，他们相互婚配，繁衍后代，成为三个支系。这三个支系即是“乌优”、“阿哈”和“阿希”，分别代表了“树尖”、“树杈枝”和“树分枝”的意思。玛黑、玛妞最初生活的地方称为“司杰卓米”，意为“人类在这里变得聪明的地方”。后来，三大支系从“司杰卓米”迁出，乌优支系的大部分成员向东方迁徙，定居在今天的勐旺乡补远村公所一带。阿哈、阿希两个支系及乌优支系的部分成员向西南方迁徙，来到海拔1440米的杰卓山定居（“杰”指“司杰卓米”，“卓”指为迁徙而来），以后又从杰卓山迁出，在基诺山许多地方建村寨，一直延续至今。[①]“司杰卓米”是基诺山附近的山峰，也有人认为是现在的“孔明山”，属基诺山山区，离基诺山乡政府不到60公里。“司杰卓米”在基诺族的创世历史中有着特殊的意义，是基诺人的精神寄托和灵魂归宿。而乌优、阿哈和阿希三个支系称谓所强调的内涵，即树的各个部分：尖部、枝杈和分枝，是想告诉基诺族的子孙后代，不论属于哪个支系，隔了多少世代，走了多少道路，都是从同一棵大树上生发出来，属于同一个民族。这种世代相承、同根同祖的民族情感，产生了强烈的民族认同，由此伴生了基诺族的民族历史和文化。

玛黑和玛妞及其子女之间的兄妹成婚，表明基诺族先民在“司杰卓米”时代是血缘家族社会。当然，通过神话传说来确定基诺族的历史形态不足为信，其实，还有很多具体史实可以证明基诺族最早曾是以血缘亲族内婚为特点的社会。比较有代表性的例证是：20世纪50年代左右，位于基诺山腹心之地的巴朵寨，仍然存在着血缘氏族的内婚制。在对其所能记忆的近三四代通婚关系的调查中发现，尽管亲兄弟姐妹间的婚姻已经排除，但一个氏族内通婚仍没有被禁止。在巴朵寨

① 于希谦．基诺族文化史．昆明：云南民族出版社，2000：6.

中，不仅存在着堂兄弟姐妹间结婚的事例，还存在着超辈分的叔叔与侄女之间通婚的事例。①

此后基诺社会进入母系氏族时代的这段历史，在生活的许多方面仍有体现。如基诺族的巴朵寨全称是“从司土女祖寨的瓜蒂上落下的老奶奶寨”，寨子里年龄最长的妇女被尊称为“阿嫫”，是“全寨人的母亲”，这位“阿嫫”在重大的节日仪式中享有很高的地位。还比如在一些村寨中的上新房仪式中，要由氏族内最年长的妇女第一个登上新房，安放代表祖先的神圣三脚石，生起第一把火，并在分配祭肉的时候得到和别人不同的最尊贵的一份。

17 世纪左右，随着铁器的使用和刀耕火种山地农业的兴起，男子在农业生产中逐渐取得支配性地位，基诺社会进入到父系氏族社会。此后，随着生产力水平的不断提高，基诺社会出现了部分生产资料私有和个体化的家庭经济，父系制又逐步过渡到农村公社。对于母系制的失势、父系制的兴起这一过程，在巴亚寨的父系英雄传说中有具体描述。在母系氏族社会中，男子和妻子、儿女分开，属于自己母亲及姐妹的氏族。在巴亚寨的故事中，男主人公阿普少雪脱离母亲及姐妹们的氏族，与妻子、儿女属于同一个氏族。同时，在日常生活中，基诺族尊称年老的男性长者为“尤胞”（意为老大爷、爷爷），女性长者为“尤卡”（意为老大娘、奶奶）。但在庄严的集会仪式上，却要称主持村寨行政职务的男性长者为“尤卡”，而且这些男性长老通称为“左米尤卡”（村寨中的女长老或奶奶）。这些生活习惯也是基诺社会由母系社会过渡到父系社会的历史遗风。

元代时，中央王朝实现了对基诺族所在西双版纳的直接管辖，当时设置了彻里路，委任傣族土官进行统治。明代时，将彻里路改为车里宣慰司，并一直延至清代。清代时，出于政治统治和经济发展的需

---

① 《基诺族简史》编写组．基诺族简史．北京：民族出版社，2008：13.

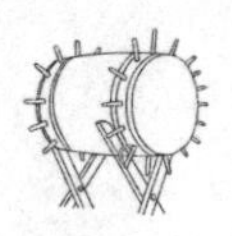

要，清政府于1729年（雍正七年）在基诺山设立攸乐同知，后又批准建攸乐城，指派官员一名、兵丁五百驻守。由于基诺山地处热带，自然条件极为艰苦，疟疾、天花等各种疾病流行，官员和驻军死亡人数较多，清政府于1735年（雍正十三年）便将攸乐同知裁去，官员和驻军也纷纷撤离。此后，清政府曾选用基诺族头人作为代理人，委任为土目，间接实现对基诺山的治理，这种方式只维持了四十多年。但清政府任命的傣族车里宣慰司对基诺族的统治，时间却是相当长的，影响较为深远。

基诺村寨中镶嵌着牛角和太阳图案的“牛角路” （武松摄）

民国时期，基诺族人民的生活极为困苦。20世纪40年代，基诺族为了维护民族生存，反抗民族剥削和压迫，联合其他民族一起，同国民党地方政府的军队进行了英勇顽强的斗争。尽管这些斗争取得了一定的胜利，但是基诺族社会经济受到极大的破坏，茶叶产量下降，许多庄稼荒废，大量牲畜死亡，瘟疫疾病横行，人口数量锐减。1940 年基诺山有 42 个村仅 6000 多人。① 基诺人在艰难的生活中挣扎，盼望着富足幸福生活早日到来。正如当时一首民歌唱道："布机焦夺，布洛焦夺，基诺择若略焦夺"。翻译过来就是"盼星星，盼月亮，基诺人盼望出太阳"。

二、新中国成立后的发展

1950 年，西双版纳全境解放，基诺族和西双版纳各族人民一起迈进了新的历史时期。1954 年，云南省民族工作队进入基诺山，宣传贯彻党的民族政策，促进民族团结，帮助基诺族恢复和发展生产，解决基诺族生活生产中的实际困难。1956 年，西双版纳傣族自治州第一次代表大会决定，基诺山区根据团结、生产、进步的方针，在中国共产党的领导下，依靠各族贫苦农民，团结一切劳动人民，在国家和当地政府的大力扶持下，通过互助合作、发展生产以及加强与生产有关的各项工作，逐步提高人民的物质生活水平和政治觉悟，逐步进行一些必要的民主改革，直接地、逐步地过渡到社会主义社会。②

1957 年，基诺山建立了新中国成立后的第一个新政权——攸乐山生产文化站，基诺山作为一个单一的行政区域正式建立。

1979 年对于基诺族有着特殊的纪念意义。基诺族同全国各族人民一样，经历了历史的大转折，回到了脱贫致富的大路上来。而且正是在这一年，经历了二十余年的努力，基诺族最后终于被确认为中国的第 55 个少数民族，成为中国 22 个人口较少的民族之一，完成了最后的识别。基诺族被确认为单一民族后，隶属行政建制几经更变。1993

---

① 于希谦．基诺族文化史．昆明：云南民族出版社，2000：37.

② 《基诺族简史》编写组．基诺族简史．北京：民族出版社，2008：92.

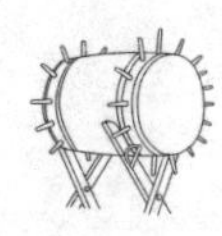

年，经国务院批准，撤销景洪县，设立景洪市，基诺族主要分布于景洪市，基诺洛克区改为基诺山基诺族乡。基诺族的唯一聚居地终于确认为云南省西双版纳傣族自治州景洪市基诺山基诺族乡。从此以后，基诺族结合具体实际情况，制定了建设方针，社会经济取得迅速发展。基诺山发生了根本改变，从物质生活到精神生活，各个领域都取得了巨大的进步。

改革开放以后，基诺山开始执行家庭联产承包责任制，并制定了“以林为主，在粮食自给的前提下，因地制宜，多种经营，大力发展经济作物”的方针，人民群众的生产积极性被充分调动起来，粮食生产实现自足有余后，大面积种植橡胶、砂仁、茶叶等经济作物，充分开发林业、畜牧业、旅游业等特色产业，经过十余年的发展，基诺族脱掉了贫穷落后的帽子，家庭收入来源多元，人均收入翻倍增长。经过几十年的发展，基诺族人民的经济收入有了明显的增加，基础教育水平有了明显的提高，医疗卫生方面有了明显的改善，基诺山家家通电、村村通路，生活配套设施逐渐齐全，人民生活质量发生质的改变。2011 年，基诺山从最初 1956 年的 36 个寨子，969 户家庭，总人口为 5287 人，发展成为辖巴亚、洛特、茄玛、巴卡、巴来、司土、新司土共 7 个村民委员会，巴亚新寨、巴亚老寨、巴坡寨、巴来中寨、司土老寨、司土小寨、巴朵寨、巴漂寨、亚诺寨、巴卡新寨、巴卡老寨等 46 个自然村，总人口为 14 048 人，其中，基诺族人口占全乡总人口 97%、占基诺族总人口的 66%。[①] 基诺山总体发展趋势乐观，真可谓“旧貌换新颜”。

党和政府十分关怀基诺族的发展。1999 年 11 月，国家民委和国务院扶贫办有关领导到基诺山调研，对基诺族发展的基本情况和实际困

---

① 云南省民委．基诺山基诺族乡扶持成效显著　走在云南扶持人口较少民族前列．中华民共和国民族事务委员会网站，http：//www.seac.gov.cn/art/2012/11/13/art_36_170390.html

难进行了实地考查。2000 年，云南省政府确定对基诺山进行整体扶持，与布朗山一起，列为“两山”综合扶贫开发项目。而“两山”又被国家民委列为全国 22 个人口较少民族扶贫综合开发试点。政府在具体政策制定、资金投入数目等多方面给予了关照和重视。2005 年，国家民委等五个部委再次将基诺族乡列入扶持规划当中。2007 年，国家民委将景洪市列入“兴边富民行动”重点县（市），实施了一大批基础性项目。通过各级各部门多轮扶持，基诺族乡在人均收入、基础设施、教育卫生事业等各个方面有了突破性进展，各项指标均走在云南省所扶持的独龙族、德昂族、怒族等 8 个人口较少民族的前列。

党和政府的关怀，各级部门的跟踪调研，相关政策的鼓励扶持，如同基诺族前进中的动力源泉，为基诺族的腾飞发展指引方向，保障了基诺族越走越好。

第二章

走进基诺村落

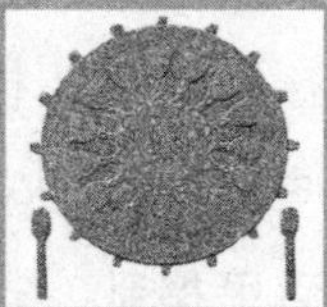

基诺族村寨之间界线分明，关系密切。新中国成立前每个村寨俨然独立的小天地，有着维持社会正常运转的长老制度、青年组织和一套成熟的习惯法则，而各村寨之间又有着不可割断的关系，有着同根同源的族体意识，几乎没有因为土地、林木等资源利益发生过纷争。

基诺人日出而作，日落而息，过着自然平静的生活。生活中的衣着、饮食、住房、生产、装饰有着与大自然亲密接触、共生共荣的鲜明特征。而与原始宗教信仰紧密相连的禁忌规矩，更体现了基诺族人民世代传承的宝贵经验和对大自然的敬畏之情。走进基诺村寨，了解基诺族的生活习惯，如同回到大自然的怀抱，舒适亲切、心旷神怡。

第一节　边界明确的社会组织

基诺族的每个村寨都是相对独立的个体，一般由几个可以相互通婚的氏族组成，他们有共同的政治、经济和文化生活，有能够维持秩序、解决纷争的长老制度，有教育约束青年并提供更多接触机会的青年男女组织，有一致的传统、习惯和道德法规。各个村寨之间界线清晰，这些界线可以是茂密的森林，也可以是狭长的山谷或高耸的山箐。

按照基诺族的规矩，未经同意而砍伐其他村寨的林木将受到惩罚；烧地时，烧到其他村寨的山地，要经双方村寨长老的协商进行赔偿。为了避免类似情况的出现，保证村寨的利益不受侵犯，各村寨会将边界附近的花草树木砍光，钉上由竹子、木材等材料制成的桩子。桩子上挂满假火药枪和砍刀，表示人们会誓死捍卫村寨的安全；还要绑上一些“达溜”①，用来驱逐阴间的鬼魂，防止外村寨的恶鬼到本村寨的生活里捣乱。这些标示明显清晰，容易辨认，每年村寨还会对其进行巡视检查，如果有损坏的要及时修理，如果有丢没的要及时修补。这样一来，尽管基诺族各村寨之间有着天然的联系，但在内部又是一个有着健全组织体系的完整天地。

一、“卓巴”和“卓生”

在基诺村寨中，进行社会管理的权威组织是以“卓巴”和“卓生”为首的长老制。据说“卓巴”在母系时代就已经出现，由氏族中年纪最大的老妇人担任，负责组织氏族的生产生活活动。到了父系氏族时代，“卓巴”改由村寨中年长的男子担任，并在其他氏族中选出另一位长老“卓生”。到了傣族土司统治时期，由于傣族村寨有设寨父、寨母的习惯，基诺村寨中的“卓巴”和“卓生”自然而然地相应被尊称为寨父和寨母。

“卓巴”是“为众人挑担子的人”，“卓生”是“为众人开辟道路的人”。他们之中，“卓巴”来自创建寨子的本地氏族，“卓生”来自创建寨子的外来氏族。“卓巴”和“卓生”的当选，只有年龄是唯一的条件，年长即可，而对于财富、能力、性格等都没有明确的规定。在基诺族的传统习惯中，“卓巴”和“卓生”是村寨建立的象征，有了他们

---

① “达溜”：用篾编的六角形篾笆片。

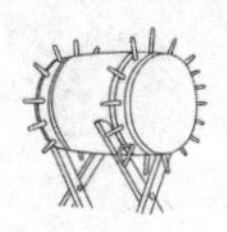

村寨才能和平安稳。因此，建寨时要首先选举“卓巴”和“卓生”，选举后宰杀一头牛，将牛的前腿送给“卓巴”，牛的后腿送给“卓生”，表示承认和尊重。同时，“卓巴”和“卓生”的家里分别挂有象征寨神的大鼓，代表神的旨意领导村寨的日常生产生活。所以，全寨人尊重他们、相信他们，服从他们的领导。于是，“卓巴”和“卓生”主持全寨的祭祀活动，召开重要的村民大会，测定过年的具体日期，算明耕种的时令节气。他们组织生产，赏罚分明，协调与外部村寨的关系，成为村寨的最主要、最直接的管理者和组织者。

基诺族长老　（武松摄）

在基诺村寨中，除了“卓巴”和“卓生”之外，还有“巴努”、“生努”、“柯普洛”、“乃厄”、“达在”其他五位长老，这七位长老组成了负责管理村寨的长老集团。“巴努”和“卓巴”属于同一氏族，是“卓巴”的接班人；“生努”和“卓生”属于同一氏族，是“卓生”的接班人。“卓巴”和“卓生”在世的时候，“巴努”和“生努”没有具体的职务，但在祭祀活动中担任重要的角色。“柯普洛”负责安排和接待外来的客人，协助其他长老工作。“乃厄”负责保管村寨的财物，主要保管“木刻”[①] 和一些仪式上临时需要

① “木刻”：由于基诺族没有文字，对于日常生活中必须记录的事实，用统一的符号刻在竹片或木板上。

的钱款和物品，这些钱物数量极少。“达在”不仅负责村寨中的信息传递，纠纷调解，钱款征收，还是村寨的监督员，有权随时了解“木刻”所记和收支情况。长老们各司其职，共同维持村寨的正常秩序运转。

由于各村寨的大小不同，长老的数量有七老、五老或三老不等。但无论数量多少，由几位长老组成的村社组织，主持着农业生产、狩猎采集、节日庆典等生产生活中的祭祀礼仪，裁断村寨中民众之间的争议，代表本村寨争取合理权益。长老制曾经是村寨核心力量所在，集村寨行政与宗教信仰为一体，在基诺社会中有着举足轻重的地位。正如基诺人在歌谣里赞美的那样：“尊敬的长老呀，你们是先见太阳的人，是先见月亮的人，是先见星宿的人，你们是先见天的人，先脚踩大地的人。你们先走出来，我们才跟随着你们之后走出来。你们是走过十道白石岩，住在九道门的‘子模’①。”②

如今，随着社会的变迁，外来文化的影响，基诺族的各种祭祀仪式逐渐淡化，有些甚至不再举行，长老制的合法权威基础不复存在，已经退出村寨管理的政治舞台。但是，长老们仍然受到村民敬重和爱戴，他们是名副其实的长者，对基诺历史的掌握和基诺文化的理解无人可以逾越，而长老们的智慧和努力也将为基诺村寨的发展贡献重要力量。

二、“饶考”和“米考”

“饶考”和“米考”是基诺社会中未婚青年男女的组织。“饶考”是男青年的组织，有自己的首领，只是各村寨数目不一。如巴亚寨有 4 个首领，分别是小卓巴，基诺语是“不鲁饶阿硕”，意思是“有权威的兄长”；小卓生，基诺语是“饶考阿硕”，意思是“小伙子们的兄长”；

---

① “子模”：大长老或大官。

② 于希谦．基诺族文化史．昆明：云南民族出版社，2000：226～227.

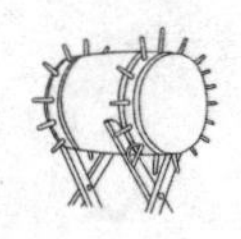

“保管员大哥”，基诺语是“巴乃阿硕”；“顾问大哥”，基诺语是“八洛阿硕”。“米考”是女青年的组织，没有首领。

基诺族男女在举行过成年礼以后，会参加本村寨的“饶考”、“米考”组织。参加时，需要上交三撮烟丝作为礼物。通常情况，一个家庭的兄弟姐妹当中，只允许一男一女参加，通常是哥哥、姐姐先参加，待找到伴侣退出后，由弟弟、妹妹按照年龄顺次递补。“饶考”和“米考”组织制度严格，参加的成员要积极、按时参加组织活动，遵守组织纪律，完成组织任务；要遵守村寨的习惯法令，尊敬老人、礼貌文明、团结互助；要对村寨长老、各家家长负责，及时接纳成年青年，并带领全寨青年完成基本职责；要组织青年男女的聚会及一些娱乐活动，提供青年男女接触、交往、恋爱的机会。

相对于女青年的“米考”组织，男青年的“饶考”组织纪律更加严格，承担公共事务较多。如“饶考”组织举行集体活动时，要求每个成员接到通知后，按时参加，并在活动结束后相互告别；如村寨中有人家举办婚礼、丧礼或上新房，“饶考”成员要主动帮助招待宾客、准备出殡或砍伐木材；如逢年过节时，“饶考”成员要维护村寨治安，防止火灾隐患等；如平日生活中，“饶考”成员要帮助村寨里孤寡家庭送柴、挑水，按时巡查村寨的林区，保护村寨的林木果树。还有一些公共性事务，如“饶考”成员要帮助长老们监察并处罚村寨中的婚外恋，调解村民间的纠纷，等等。

“饶考”和“米考”是基诺人培养集体观念的重要场所，每个年轻人在这里学会集体高于一切，个人必须服从集体的基本原则，并将这些原则渗透到今后的生活当中。无论是基诺族村寨生活，还是基诺族的父系大家庭，都有必要强调集体意识，才能得以维持。只有每个人都热爱集体、关心集体，基诺族的习惯法才会起到应有的效力，社会规范才会得到贯彻，青年人才会在古老的习惯法规定范围内，享受美好生活。

三、严格约束的习惯法

随着时间的推移，基诺族逐渐形成了一套在日常生活中大家共同遵守的习惯法则。每逢村寨举行祭祀活动时，“卓巴”和“卓生”每家各杀一只鸡，并作为神的代表强调村规民约：“一年四季里，如果不听话，不遵守古规，不参加祭祀，在用刀时被刀杀死，用斧头时被斧头劈着，过河时被河水冲走，爬树时摔下跌死，被老虎豹子吃掉。朝前跌倒下巴骨跌断，朝后跌者脑袋袭掉，向左摔者肋骨跌断。”① 这些传统法则虽然没有像现代法律那样有强大的国家机器作为保障，以明确的条文形式一一列出，但是它与原始宗教联系起来，影响深入到生活的细节，渗透到人们的心里，同样具有强大的威慑力。

基诺社会中最为重要的禁则之一是同姓不婚。以前，一旦同姓结婚，就被视为乱伦，轻则痛打、罚款，重则赶出村寨。基诺社会习惯将同一氏族的同辈兄弟姐妹，不分实际远近，不分具体关系，都称为兄弟姐妹。这一称呼所表示的内涵是一致的，对于一个同姓女子，只要称她为姐姐，那就真的是自己的姐姐，不允许通婚。实际上，在基诺社会中同一姓氏并不表明就一定有血缘关系，有的可能即使有血缘关系也已经超过几个世代，有的可能是被假说成同一个祖先的同一姓氏，但是这些都在禁婚的范围之内。尽管基诺族各个村寨执行这一原则的严格程度不同，在过去仍造成了很多的恋爱悲剧。如今，随着基诺社会文明程度的提高，姓氏不再是统一血统的标志，有关同姓不婚的观念也已经发生改变，同姓不婚的禁忌自然也就没有传统社会那么严格了。

基诺族对生活中的其他方面也都有不成文的规定，如婚外恋行为、个人主义行为等，都要受到惩罚。一般只注重自己意愿，不顾及集体利

① 于希谦．基诺族文化史．昆明：云南民族出版社，2000：237．

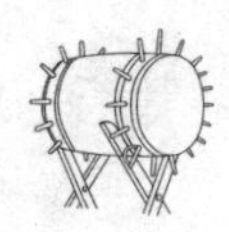

益的行为，都会受到人们的排斥和习惯法的惩治。具体如随地吐痰、乱丢树枝、树叶、木渣，偷砍别人的竹子或篱笆等，这些行为对村寨的卫生、治安造成了恶劣的影响，侵犯了别人的权益。长老组织就会按照统一标准进行处罚，情节较轻的需要缴纳几口槟榔、几撮烟草或几斤酒，情节严重的需要支付一定数量的钱币。今天，基诺社会中的村规民约，是在传统的长老制时期的习惯法基础上，结合新时期的社会特点进行的总结，相对从前更加具体、明确。如有关乱砍滥伐，一棵竹子罚款 10 元，一棵树罚款 50～100 元。按照行为种类的不同，明确规定惩罚的轻重，增强了民间法规的约束力，促进了基诺社会的良性发展。

由于基诺社会生产力水平较低，一直遵循着伙耕伙种的原则，人们的集体意识强烈，共同劳动，劳动成果平均分配的观念深入人心。所以，在基诺社会中，不仅有严明的禁忌处罚，还有相互协助的习惯。这些同样是从原始社会开始一直流传下来，是维系基诺社会的重要方面。如狩猎时，所得猎物无论大小都要均分，即使很小的一个小动物，也要做成汤菜，供全寨人分享。如果村寨中哪个家庭遇到不幸，缺衣少食，其他家庭都会从自己的口粮中分一部分出来，帮助他们渡过难关。如果村寨中哪个家庭要盖新房，从搬运木材到入住新房，寨子里的人们都会前来帮忙。

四、村寨间关系密切

基诺族的很多村寨之间有着紧密的关系，它们可能是母子关系，可能是兄弟关系，还可能是联姻关系。清朝时期，基诺族有 32 个村寨，其中大家承认的老寨有普西、巴朵、巴亚、巴漂、巴坡、亚诺，等等。而在这些老寨当中，属于同一辈分的有普西、茨通、巴朵、窝庄、巴漂、巴坡。老寨之中的老寨，不仅建寨的时间相对较早，而且建寨人的辈分也比较高、资格比较老，它们相对于彼此是兄弟寨，相对于其他晚建立的寨子是父母寨，在过节、祭祀上享有特权。比如在过“特懋克”节的时候，这几个寨子要先过，其他的寨子要13天之后才能过。同时，处于子女辈的寨子在正式过年的头一天，还要给父母寨和兄弟寨送去松鼠、鸡蛋、槟榔等不同的礼物，并邀请他们到自己的寨子里过年。还有一些村寨，由于氏族比较少，同氏族内禁婚，需要到另外的村寨寻找氏族联姻，这样两个村寨因为联姻关系，走动较多，关系格外亲密。

基诺族村寨间交往遵循一定的习惯法。各村寨的土地之间设有公认的界标，界线明确，因此围绕土地发生纠纷的情况几乎没有出现过。即使有些村寨由于人口增长快，土地短缺，不够耕种，只要长老带上一头猪，一定数量的钱币，就可以到附近的村寨租种大面积的土地。如果因为其他情况进行纷争时，双方长老会按照各自的习惯法进行协商处理。如一个村寨中发生同氏族兄妹相爱希望成婚的事情，任何村寨的长老（包括上一级父母寨的长老）都会主动维护习惯法对此不予支持。还比如狩猎过程中，甲寨猎人捕获的猎物倒在乙寨的土地上，倒地的一半归乙寨所有，一旦双方为此发生争执，各寨长老会按照本寨的法规进行惩罚；如果甲寨的人伤了乙寨的人，甲寨必须保护甲，乙寨必须保证甲同意被伤害者的赔偿要求，各寨还要按照各自的法规对肇事者进行处罚。

一旦遇到比较棘手的矛盾，两个寨子通过商议无法解决时，基诺村寨就可以举行“杰拍压”的仪式。在这个仪式过程中，两个寨子的长老要对天起誓，如果自己一方是无理相争，愿意接受上天的任何惩罚，并将所争执的问题述说清楚，最后祈求上天作出裁断。据基诺族老人讲，这种方法很有效果，遇到重大问题需要用“杰拍压”的方法时，理亏的一方会主动放弃。如果理亏一方没有采取应有的行动，“杰拍压”仪式后，双方会用其他方式解决。

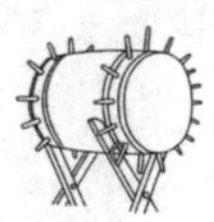

第二节　健康质朴的日常生活

基诺人的生活缤纷多彩，他们以健康天然为日常生活取材的首要前提，在与大自然的亲密接触中，体现了基诺人独特的生存智慧，无论是服饰的搭配、饮食的多样，还是住房的讲究、工具的使用和细节的修饰，处处体现了基诺人热爱生活的态度和真诚朴实的品质。那么，基诺人在平常的生活中到底是什么样子呢？我们先从他们的穿着讲起。

一、质朴服装佩明

基诺族的传统服饰古朴简单，用自己手工编织的“砍刀布”作为原料，辅以黑、白、红为主的各色条纹和几何图案，色调淡雅，款式大方。相对于女子的服饰而言，男子的服饰更具有魅力。需要注意的是，随着社会的迅速发展，基诺社会受到外来文化的深刻影响，更多的基诺男女改穿汉装，少数村寨的老人保持着以往的穿着打扮。

1. 男子服饰

传统的基诺族男子头饰依年龄大小，有所差异，未成年的男子留短发，戴帽子。举行成年礼以后的男子要包黑色的包头，这种包头可以是包头巾直接在头上缠绕而成；也可以先把包头巾叠成一定宽度的条状后，再在头上绕圈固定。有些青年男子的包头上还插有用红豆子串成的装饰花，是恋人相赠的定情之物。基诺族男子上身着对襟白衣，无领、无纽扣，前襟和胸部绣有红、蓝色条纹。下身着长腿宽腰裤，裤脚、膝部和腰部有红黑色条纹。

2. 女子服饰

基诺族女子头戴一顶三角形帽子，白色的底面上带有黑色、淡红色、黄色条纹，前沿向外翻卷，下摆到肩膀左右。有些地方妇女的帽子下摆很长，并绣有花纹和几何图案，还用珠子、绒线和羽毛做流苏。未婚少女头发散披在肩上，将帽子贴在头上，已婚妇女头发挽成发髻，借用竹制发卡卡紧，将帽子高高顶起。基诺族女子服装剪裁得体，颜色搭配合理。上身穿无领、无纽扣对襟小褂，上面绣有红、黄、蓝、黑等色彩艳丽的花纹。还有一件鸡心形的胸兜，有的绣有条纹花或各种图案，有的饰满各种颜色的珠子或各种形状的银饰品。下身穿红布镶边的黑裙，裙子上部用白底织布，与上衣、帽子相对应，腿上绑着黑色或蓝色的裹腿。

基诺族棉麻织男服（左）和女服（右） （杨兴斌摄）

3. 日月花饰

基诺族服饰最大的特色是男子衣服背部正中绣有日月花饰，这是一种圆形图案，由红、黑、白等多种彩线从中心向四周呈放射状绣成，这些线条有的柔和似月光，有的灿烂似阳光。日月花饰在基诺语中叫“波罗阿波”，汉语译为太阳花或月亮花，也被称为“孔明印”，对于它

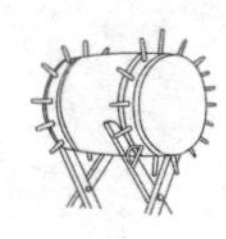

的来源有很多种猜测。一种说法认为，日月花饰既然被称为“孔明印”，那就和基诺族祖先是孔明南征时丢落的部队有关，人们为了感激孔明教会基诺族种茶、盖房，就在衣背上绣上孔明的八卦印，表示对孔明的尊敬和怀念。另一种说法认为，自古基诺族就与大自然和谐共处，阳光给大地带来生机和希望，月光给万物带来甘露和凉爽。在衣服上绣着日月花饰，代表对太阳和月亮的赞美，祈求上苍同时赐予他们生存的力量和平和的心态。还有一种说法认为，太阳和月亮像父亲、母亲一样庇佑着人类，见到日月就像见到父母，基诺男子在衣服上绣上日月花饰，表示对父母的孝顺。

日月花饰　（李志雄摄）

在所有的解释当中，人们更愿意相信日月花饰代表着纯洁热烈的爱情，在基诺族中广为流传着这样一个爱情故事：

很久很久以前，基诺族有一个善良美丽的姑娘——布鲁蕾，村寨中很多的小伙子爱慕她，尤其大头人的儿子泽木拉一直追求她，可她都没放在眼里，因为布鲁蕾一直深爱着勇敢勤劳的年轻猎人泽白。终于有一天，横行霸道的泽木拉抢走了布鲁蕾，用藤条将她绑了起来，逼迫她与自己成婚。泽木拉口出狂言，动手动脚，被布鲁蕾狠狠地打了一个耳光。泽木拉恼羞成怒，从火塘里抄起一根燃烧着的木棍朝布鲁蕾头上打去，布鲁蕾洁白的三角帽上留下了一条又粗又黑的印迹，这是基诺族妇女三角帽上黑色条纹的由来。这时的泽白却一无所知，他还像平时一样采了一朵姑娘们最喜欢的太阳花，要送给心爱的布鲁蕾。到了布鲁蕾的家里，泽白才知道布鲁蕾被抢走了，他不顾一切地冲到了泽木拉的家。愤怒的情绪没有冲昏泽白的头脑，他很清楚单凭自己硬闯根本没有办法救出布鲁蕾，于是他爬上泽木拉家附近的大树，找到布鲁蕾所在的房间。

到了深夜，看到泽木拉一家已经熟睡，泽白爬进房内，割断藤条，背起布鲁蕾逃了出来。他们不停地奔跑，整整跑了一夜，天亮时才发现布鲁蕾手里仍然紧紧地攥着太阳花，流出的鲜血已经把袖口和裙边都染红了。从此，基诺族妇女衣服的袖口和裙边上都织有红色、黑色条纹。两人本来想着到一块草地上休息，可是泽木拉领着家丁已经追赶上来。他们用箭射伤了筋疲力尽的泽白，再次强行将布鲁蕾带走。这时，一位阿嫫从一棵古树的后面走了出来，只见她双手一挥，顿时狂风大作，暴雨倾盆。布鲁蕾和泽白趁机逃脱，他们想爬到树上躲一躲，为了方便，布鲁蕾把泽白送给自己的太阳花插在了泽白的后背上，而泽木拉和追赶过来的人到了树下都变成了山羊。后来，泽白和布鲁蕾举行了隆重的婚礼，这朵太阳花成为真挚爱情的象征。从此以后，基诺山的成年男

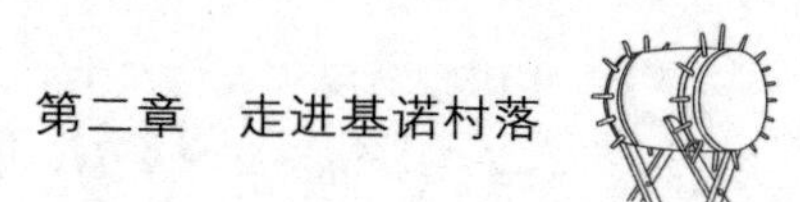

子都要在衣服背部正中缝上一块带有日月花饰的红布，表示对美好爱情的憧憬和向往。

4. 筒帕

筒帕又称“挂包”，是基诺族服饰的重要构成部分。基诺族男女的筒帕都绣有太阳花和几何图案，但细节上有所区别。男式筒帕较大，绣有 9 朵太阳花，表示男子有 9 魂；女子筒帕稍微小些，绣有 7 朵太阳花，表示女子有 7 魂。基诺族男女不论上山打猎采集，还是下地耕田劳作，几乎时刻佩戴它。筒帕既是日常生活的必备品，又是一件精美的艺术品，更是恋爱中男女相互赠送的定情信物。

二、好米舂菜味道美

基诺族生活在大山深处，以传统的原始农业为主要生产方式，旱稻、玉米、薯类自然成为主要的粮食；同时，狩猎和采集是基诺族重要的生活方式，兽肉、竹笋、野菜自然成为重要的副食。

1. 主食

基诺族一日三餐，以大米为主食，其他还有玉米、红薯、马铃薯等杂粮，糯米一般用来招待客人、给孩子们吃或节日里做年糕。早饭和晚饭在家里食用，午饭时把米饭带到田地里食用。过去基诺族经常外出狩猎或在山上守庄稼，慢慢学会了用竹筒烤饭的方法。这种做法主要将浸过水的米倒入竹筒三分之二处左右，放入适量的水进行烘烧，水煮干后再用芭蕉叶塞住竹筒口继续烘烧，大约一袋烟工夫即可食用。竹筒饭既有竹子的味道，也有芭蕉叶的清香，吃起来格外可口。

2. 菜肴

基诺族的菜类主要有狩猎来的野味、采集来的野菜，还有自家饲养的家禽和栽种的蔬菜。具体包括麂子、苦菜、竹笋、排骨、牛肉、南瓜等。俗话说："汉炒、傣蘸、基诺舂。"汉族喜欢将菜炒着吃，傣族喜欢将菜蘸着调料吃，基诺族喜欢将菜臼舂后再吃。基诺族每个家庭通常都备有两个木臼，一个用于舂盐、辣椒等调料；一个用于舂各种蔬菜。吃饭的时候，先把调料和蔬菜分别舂碎，再端上餐桌。基诺族的许多特色饮食，都需要经过舂这道工序完成。比如包烧山蜘蛛，将山蜘蛛去掉丝与脚，放在臼里与盐、姜、辣椒、野八角等作料一起舂成肉酱，再用芭蕉叶包好放在炭火上烤，芭蕉叶烤黄后即可食用。其味香辣可口，十分独特。苦子果汤，将苦子果与臭菜、酸芥菜、苦凉菜一起放在臼里，放入姜、盐、香茅草、野八角等作料舂细，再放入煮沸的水中煮熟。其味清凉爽口，苦中有甜。

竹筒烧饭　（冯锦昆摄）

还有一些特色菜式，如压笋，把新鲜竹笋切成片放入清水中浸泡2～3天后，取出放入竹箩中用石磨等重物压好，待其酸汁被挤压后，味道清甜，可与其他食物相配做成猪排煮压笋或压笋煮腊肉等，别有风味；如剁生，将鲜肉末拌上盐、辣子、姜末、薄荷、韭菜等作料，用手反复搅拌、捏匀，直至肉

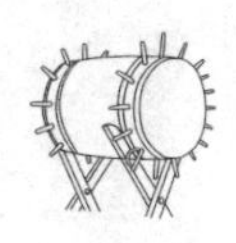

呈白色便可食用，这是基诺族宴席上的必备菜肴。如酸蚂蚁蛋汤，从采来的蚂蚁包中将蛋取出洗净、捣碎，在盛满沸水的竹筒中，放入一定的臭菜，再将蚂蚁蛋、盐、辣椒一起放入，几分钟后即可食用；如腌酸鱼，将鱼去鳞洗净，拌上辣椒、盐、米饭，装进竹筒，用芭蕉叶封住筒口，腌熟后取出食用，味道独特，鲜美可口。

基诺人习惯在房前屋后或村子里边角围上一小块地，种上日常食用的作料，包括辣椒、姜、蒜、葱、香椿、野八角、香茅草、麻根，等等。这些作料以辛辣为主，不仅增加了基诺族菜肴的鲜香味道，更具有灭菌杀毒、促进消化的功效。

3. 酒与茶

和许多少数民族一样，酒是基诺人生活中不可缺少的饮料。酒不仅可以帮助人们沟通感情，遵守礼数，还可以调节争端，提高信誉。因此，在基诺社会中，无论婚庆宴席、过年过节，还是亲友相聚，菜肴是次要的，酒是必不可少的。正如谚语所说："无酒不成宴，有酒便是席。"基诺人酿酒的历史大约有五六百年了，以前在一些较大的村寨都有专门的烤酒房，里面有发酵、盛酒用的器皿，比较简陋。现在一般自饮自酿，加入山林中锁梅叶等多种植物，酒味自然甘醇，有强身健体等功效。

茶也是基诺族生活中重要的饮料。基诺族种茶、饮茶的历史悠久，除传统的饮茶方式外，还形成了别具特色的饮茶方式——凉拌茶。传统的凉拌茶是将新鲜的茶叶适当揉碎后放入劈开的竹筒中，加入盐、辣椒、大蒜等作料，倒入山泉水，拌匀后即成一道可以提神解渴的茶菜汤。现在的凉拌茶则更像是一道开胃小菜，将鲜茶叶放入开水中烫一会儿捞出，再拌上盐、辣椒等佐料，拌匀后放入小碟子里食用。

基诺族还有饮"腊卡"的习俗。"腊卡"是老茶，制作方式有包烧茶和炒老茶两种。包烧茶是将茶树的老叶用芭蕉叶或扫把叶包好，埋入火塘内炭火的火灰中，十多分钟后取出，再冲泡饮用。包烧茶若当场食用，颜色呈黄绿，爽口清香，若几日后晾干食用，颜色呈暗红，醇和淡香。炒老茶，顾名思义是将茶树的老叶放到热铁锅中翻炒，焖一会儿，叶子呈半干或者部分焦黄后倒入簸箕里晾干。这种炒过的老茶，通常要煮 10 多分钟后可以食用，茶水颜色偏深，入口香醇。基诺人在节庆、婚宴时，比较喜欢饮用老茶，而且使用的茶具也很独特。有装茶水用的大竹筒和饮茶水用的小竹筒，大竹筒和小竹筒都削有斜口，用来倒出茶水。不同的是大竹筒还有一短枝作为提手，并有直径 3 厘米左右的洞，用来注入茶水。这些茶具用起来增添了不少清新自然的韵味，备受基诺人喜爱。

基诺人自家酿制的米酒　（武松摄）

三、向阳山坡筑竹楼

建房盖屋是基诺人一生中的大事，不仅要“择吉而处”、“择日而动”，还要“娱神而建”。[①] 从房址选择到上新房仪式结束，需要经历一系列的过程。首先是决定在哪里建房，其讲究颇多。基诺族的房址一般选在山势平缓、临近水源的向阳山坡上，再通过不同的方法测定最终是

---

① 崔华洋．基诺族．长春：吉林文史出版社，2010：109.

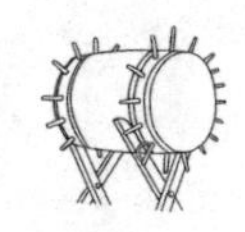

否在此建房。巴亚、巴飘等村寨选用“梦示法”，即主人在选好的地基两头各插上“达溜”，入夜做梦测吉凶。如梦里看见死人、过河或摘果子等，则是吉兆，可以在此建房；如梦到山崩、猎到野兽、树倒等，则是凶兆，要另选地方。毛俄等村寨选用“米示法”，即主人在插“达溜”的地方挖三个坑，并各放一堆米在坑里，用碗盖好后压上石头。第二天查看，若还是原来的样子，就可以在此建房；若不在或被糟蹋了，则不可以在此建房。“梦示法”和“米示法”都可以进行三次。

1. 竹楼的种类

基诺族传统的房屋是“干栏式”竹楼，主要建筑材料是木、竹、草。粗木做成梁柱，支撑竹楼，竹片铺成楼板和四壁，茅草编成草排，相互叠压，覆盖楼顶。竹楼一般分为两种：

一种是父系氏族世代同住的竹楼，只有一个火塘，是几代人在一个男性家长领导下，集体生活，一起从事劳动生产。这种竹楼高 7～8 米，上层住人，用篾笆做墙，按人数将空间隔成数个卧室。公用空间有一个大火塘，一米见方左右，由三块锅庄石构成，上面悬挂着放置食物的竹编吊笼。这片公用空间也是客厅、厨房和饭厅，人们劳动结束或客人来访会围着火塘而坐，吃饭、饮酒、聊家常，其乐融融。竹楼下层没有墙围，主要用于堆放杂物，饲养家畜。竹楼有前后两个晒台，前台连着楼梯口，后台用于晒衣、纺织。

另一种是长形竹楼，又称“长房”或“大公房”，是同一父系氏族的数代人居住在一起，也有一个男性家长，但各个家庭有相对独立的经济收入和消费。这种竹楼通常占地几百平方米，宽约十余米，长约二十七八米，有前后两道门，从前门进来后，中间有一个过道，过道上有一个长方形土台，台上有数个火塘。火塘两侧对应着各个小家庭的卧室，其中第一个火塘是象征家长制的总火塘，右边第一个屋子是氏族长老的房间，左边第一个屋子是放置氏族神器和动物头骨的神器室。长房还设有客房，用来招待各小家庭的亲友。

竹楼材料全部来自大自然，就地取材，成本较低，安全自然，防潮防雨，通风隔热，曾一度是基诺族人们主要的建筑模式。但这种竹楼容易被虫子蛀蚀，时间长了需要重新翻盖。随着生产力的发展，人们开始居住瓦顶木楼或砖瓦房，洗脸台、卫生间等纷纷出现，基诺族人民的生活添上了新的色彩。

基诺族传统民居——竹楼 （武松摄）

2. 竹楼的饰物

基诺族的竹楼由“耳环花”和鸟的羽毛或鼠的尾巴等装饰，远远望去，如同温婉的少女注视着远方，祥和端庄。“耳环花”是由茅草编成花环，通常挂在竹楼的屋脊上。具体数目由主人在村寨中的身份和地位决定，如果是一般的百姓家，只能挂上六朵“耳环花”，屋脊顶端各一朵，顶端下两个斜边每边一朵（共四朵）；如果是“卓巴”、“卓生”等七位长老家，要挂上十朵“耳环花”，屋脊顶端各一朵，顶端下

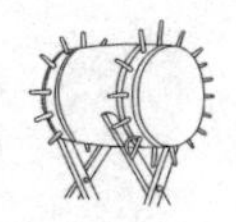

两个斜边延伸出来每边两朵（共八朵）。“耳环花”象征着父母的灵魂，父母去世时要把它摘下，表示对父母的哀思。待新任家长（大儿子）盖新房祭祀父母时，再给新房戴花。

基诺族习惯将鸟的羽毛或鼠的尾巴挂在竹楼屋檐下，表示对忠贞爱情的祭奠。这里还有一个凄美的爱情故事：

从前，基诺山里住着一对同氏族的兄妹，哥哥叫白蜡子，妹妹叫勒飘，他们从小在一起玩耍，长大后成为一对相爱的恋人。但是由于基诺族“同氏族兄妹不婚”的习惯法，他们的爱情没有得到承认，受到了长老和父母的严厉反对。于是这对兄妹以死殉情，后化成了一对白鹇，成双成对地生活在一起。可是好景不长，没过多久，他们被猎人扣住，而猎人正是白蜡子的父亲，临死之前这对白鹇告诉猎人：他们就是白蜡子和勒飘。猎人深受感动，悲伤不已，为了纪念这份永恒的爱情，便从这对白鹇身上各拔下一根羽毛，插在自己屋檐下。后来村寨里时有殉情的事情发生，人们说法不一，有的说变成了松鼠，有的说变成了马鹿，纪念的方式也变成挂松鼠的尾巴和摆放马鹿的头骨了。

3. 上新房

“……一家人上了新房，全寨男女老幼赶热闹。鬼神祭祀完毕了，牛肉也已经分好……火塘烧旺了，笑声寨中飘，主人还殷勤劝酒，客人在举杯祝祷：感谢主人的盛情，大家都已酒醉肉饱。但我们不是为酒肉而来，为的是同主人共享欢笑，你们家的好日子，就是全寨人的喜事，基诺人本来就肝胆相照……主人搬进了新房，运气会变得更好，睡觉不会做噩梦，走路不会再跌倒……”

这是基诺人在歌声里所描述的上新房的热闹场面，表达了对主人未来美好生活的祝愿。上新房是基诺人生活里非常庄重的一件大事，不仅是主人搬进新的住所，生活翻开新的一页，还是通过打黄牛来祭祀父母、祖先的一种宗教仪式。

相传，基诺山有一户人家，兄弟三人由父亲含辛茹苦地抚养长大。可是，他们长大成家以后，却都不愿意抚养已经年老体衰的父亲，于是商量着把父亲抬出去卖掉。他们抬着父亲走了几个村寨，都没有人理会，后来遇到了一位白发的老者。老者借着树上小鸟嗷嗷待哺的情形，告诉他们小时候父亲为他们所付出的辛苦，希望感动他们，使他们打消卖父亲的念头。可是，老大老二听了不为所动，仍然坚持要把父亲处理掉，只有老三心里有所醒悟，暗中想办法保护了父亲，把父亲背回了家。父亲心知肚明，知道自己活不多久了，就对老三交代后事说："老三，今天我一定要死了。我死后，他们肯定要分家，谷种在箩中，大箩给他们两个，小箩分给你。棉布装在箱子里，大箱给他们两个，小箱分给你。你把开水倒在大箩的谷种上，把大箱底下装旧布，上面装好布。你按照我说的办，将来他们会想起我的。"这天晚上，父亲终究被老大推进了江中。

父亲死后，兄弟三人果然分了家，并且都像父亲预料的那样，老大老二拿了大箩、大箱，老三拿了小箩、小箱。第二年，老大老二的庄稼颗粒无收。于是他们找到白腊泡占卜，白腊泡告诉他们："你们父亲死的时候没有好好安葬，要找到尸骨好好安葬才行。"于是，兄弟三人费尽力气找到了父亲的尸骨，并按照白腊泡的要求，由老大盖新房，并做"打黄牛"仪式祭祀父亲，这样兄弟三人的日子才慢慢好过起来。后来，

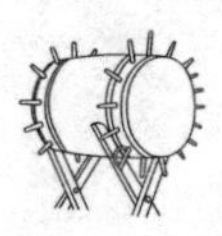

基诺人再也不敢怠慢老人，以敬老养老为美，而分家时“上新房”、“打黄牛”的祭祀祖先仪式更是成为一种传统习惯延续至今。

上新房仪式由巫师莫丕主持，届时全寨的亲朋好友都会前来祝贺。太阳落山后，氏族内年纪最大的妇女，手里拿着扫帚和火把，会最先走上新盖好的竹楼。她用扫帚打扫房屋和火塘四周，象征把一切鬼怪都扫出去；用火把点燃第一把火焰，煮食、取暖。随后新房的主人捏着火钳、锤子走到楼梯边，一边将钳子、锤子敲响，一边对巫师说：“野鬼敲走，恶鬼钳掉，我们要上新房了。”然后，全家人按照主人、老伴、姑娘、大儿子、大儿媳、二儿子、二儿媳……的顺序进入新房，继续用火钳、锤子在火塘四周敲打，并围着火塘转三圈。然后，主人将旧房中所供祭的鬼神全部搬进新房安顿好，将旧房中的日常生产生活物品全部搬进新房。最后，主人把挂在楼梯口的冬瓜取下，从楼梯上砸下去献祭给土神。

紧接着进行“打黄牛”仪式。仪式开始前，莫丕会念经祷告，大概的内容是今天把黄牛献给死去的父母，请一定庇佑子孙后辈，生活富足，健康平安之类。然后，驱除黄牛身上的鬼魂，由年长的妇女在楼上向牛身上砸南瓜，这时瓜子流得越多，表示鬼魂驱除得越彻底。紧接着由莫丕对着黄牛连射三箭，牛死后，众人将牛拖上楼，放在供祭父母的地方。待莫丕再次念完咒以后，人们煮食牛肉，整夜唱歌跳舞。莫丕走的时候，主人送给他牛腿、肋骨、牛头肉、酒等食物。莫丕回到家里将这些食物祭祀给神灵，并汇报“上新房”、“打黄牛”的情况。至此，上新房仪式才算全部结束。

竹楼是基诺族传统民居的主要类型，承载了基诺社会变迁的重要内容，在基诺社会发展的历史长河中有着特殊的价值。但是随着社会经济的发展，20世纪80年代，基诺族的个别村寨里出现了汉族式砖木结构平房，这些新式建筑深受基诺族群众的喜爱。随后没过多久，汉式瓦房如同雨后春笋般，遍布基诺山寨。1989年末，全乡瓦房数达895户，占农户总数的46.8%。[①] 2003年，基诺族乡97.46%的农户都住上了瓦房。[②] 现如今，基诺族村寨中很难再找到传统的竹楼，取而代之的是汉式砖瓦房、木楼瓦顶房或小洋楼。从这里我们不难看出：首先，改革开放后，基诺族经济收入不断增加，在与周围群众的交往中，砖瓦房、别墅楼房成为基诺人眼中先进文明的标志，人们有能力并愿意将传统的竹楼变成现在的汉式砖瓦房，这是基诺族住房形式发生根本改变的主观因素。其次，在人们大力提倡保护原始森林，对木材使用有所节制的同时，现代的建筑材料、建筑技术完全输入到基诺山，这是基诺族住房形式发生根本变化的客观因素。因此，基诺族住房发生的改变是外来文化影响的必然结果，是社会发展的正常现象，也是基诺族在新时期各方面条件已经发生改变下所作出的适应性选择。

四、狩猎工具自己做

基诺山到处是浓密的原始森林，奇花异草、珍禽野兽不计其数。基诺族常年与山林、野兽为邻，狩猎自然成为重要的生产生活方式，它不仅给基诺人带来丰盛的野味，还能给基诺人带来一定的经济收益，并保护村寨的安全。基诺族狩猎的工具大部分是自己制作的，如扣子、弩、压木、跳签、扑笼、夹子、弹弓等，借用这些工具采用下扣子、置地弩、支压木、下跳签、设陷阱、拉弯弓等方法，结合具体的自然地理条件选择方法进行狩猎，充分地体现了基诺人的生存智慧。

---

① 高发元，张锡盛．云南民族村寨调查·基诺族——景洪基诺山基诺族乡．昆明：云南大学出版社，2001：88～90.

② 吴平．基诺族发展报告．昆明：云南大学出版社，2004：449.

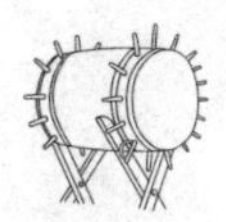

1. 扣子

扣子是用竹篾编成的活扣，比较小巧，几乎每个基诺人都会做，有连环扣、甩扣、脖扣等，适合捕捉鸟类等小动物。扣子的使用十分灵活，如果猎物是在树上活动，可以将扣子下在树上；如果猎物是在地上觅食，可以将扣子下在地上。秋收时，可以将扣子下在庄稼地边上；耕作时，可以将扣子下在来回的道路旁。基诺人还喜欢在横穿山涧的藤子上放扣子，他们称这里为“过口”，是小动物过往的必经通道，几乎每次都会有收获，既省时又省力。

2. 压木

压木是基诺族猎人常用的工具之一，至今仍在使用。压木主要由凹月形的槽和木棒组成。其中，机关设在槽的中段，与牵绳相连，绳的另一端悬挂木棒。木棒有大小之分，对付小动物时，木棒有一定重量即可；对付大野兽时，木棒往往是几个人才能抬动的大木头。压木的原理是一旦猎物踩上机关，牵动绳子，木棒就会落下击中目标。在捕猎熊、虎等大野兽的时候，由于所用压木重量过大，有一定的危险，所以需要先将周围的道路封住。然后用柱子将压木支撑好，再用木销将支柱稳住，一旦大兽踩中机关，木销脱出，压木就会落下击中野兽。设置压木陷阱的这一过程称为支压木，是基诺族猎人至今仍然经常使用的方法之一。

3. 弩

弩是基诺族猎人的随身之物，使用十分普遍。它是用竹木制成，由弩身、弩臂、弩弦、箭槽、弩机几个部分构成。其中，弩身、弩机由材质坚硬的树木所制；弩弦由弹性十足的牛筋所制；弩杆由硬竹所削制；箭头由锋利的铁石所制。弩臂的好坏直接关系着弩的质量，它对树木的质量要求较高，不仅节少通直，还要纹理流畅，制作过程比较烦琐，要经过两次烘烤，第一次烘烤后，按照传统弩的形状弯曲定型；第二次烘烤后，要进行仔细的修整和打磨。弩可以有很多的种类，有地弩、强弩、毒弩等，种类不同使用的时机也不同。地弩可以说是暗弩，一般被安放在野兽经常出没的山林中，野兽一旦踩中，箭就会离弦；强弩更多时被安放到高处，使用一绊绳与之相连，野兽一旦被绊倒，箭就会射出。毒弩是指箭头上涂抹了自制的毒药，猎杀较大野兽时，为避免遭到反击会使用。

五、染齿穿耳戴鲜花

基诺族人热爱生活，率真大方，喜欢用大自然所赋予的资源装扮自己，染齿、穿耳、文身都是基诺人追求美、感受美、表达美的重要方式。

1. 染齿

基诺族喜欢染齿，这种习俗一方面能增加牙齿的坚固性，一方面能增强美感。人们一般用两种方式完成染齿，一种是将槟榔和石灰混在一起放进嘴里咀嚼，时间长了牙齿自然变黑，这种方法不仅能使黑色保持的时间较长，而且不伤害牙齿；另一种是把燃烧的花梨木闷在竹筒里，将熏出的黑汁涂在牙上，这种方法是暂时的，一般年轻姑娘们谈情说爱或结婚打扮时愿意采用。

基诺族染齿还有其他的含义，如可以表示对彼此的尊重和爱慕，青年男女相聚时，女子会请男子帮其染齿；如可以表示对原始宗教的崇拜，据说不染齿的人死后不会受到祖先灵魂的欢迎。

2. 穿耳

基诺族男女都有穿耳、戴耳饰的习惯。他们以耳环眼大为荣，在基诺社会里，一个人的耳环眼越大，说明他勤劳、勇敢，容易受到人们的欢迎和喜爱；一个人的耳环眼越小，说明他懦弱、懒惰，容易受到人们的轻视和排斥。而耳饰的种类丰富，可以是纸卷，可以是软木塞，可以是竹管，也可以是银制的耳珰。最受大家喜欢的是鲜花，有

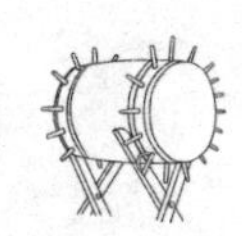

的女子为了保持鲜花的色泽艳丽，一天之中要更换多次。尤其基诺族男女在恋爱时，喜欢将赠送的花朵插在对方的耳环眼里，表达爱慕之情。

戴耳饰的基诺人　（刘建明摄）

3. 文身

文身是比较直接的人体装饰艺术，具有宗教信仰、审美文化等多种含义。中国南方很多的民族有文身的习俗，并且各个民族的特色和起源都不相同，基诺族正是其中之一。基诺族男女在十四五岁时可以文身，一般生活在相对富裕的家庭或对文身特别喜爱的人才会去文身。女的黥刺小腿部，花纹与衣服上边饰的图案相似；男的黥刺手腕、手臂，花纹有动物花草、日月星辰、日常用品等，这些图案的选择更多地出自原始崇拜和个人喜爱。

第三节　约定俗成的禁忌规矩

禁忌是传统道德习惯对人们生活言语和行为的约束和限制，它可能来源于对某种生活经验的负面影响，也可能来源于对某种神秘力量的畏惧。毫无疑问，禁忌是一种普遍的文化现象，存在于人们日常的衣、食、住、行及婚、丧、嫁、娶活动当中，各民族禁忌文化的具体内容和表现形式有所不同。基诺族在日常生活中约定俗成的禁忌规矩主要集中在饮食、狩猎、生育和丧葬四个方面。

这些传统的基诺社会禁忌，大多以不成文的形式存在，是基诺族日常生产生活的重要组成部分。随着基诺社会变迁，在这四个方面禁忌内容中，由于目前生产方式的改变，基诺族不再从事狩猎活动，狩猎禁忌成为基诺族传统生产文化遗产。而饮食、生育、丧葬等生活方面的禁忌，有些已经完全消失了，有些在形式和内容上发生了改变。

一、饮食禁忌

基诺族生活中，男女可以同桌吃饭。吃饭时，家长的位置是固定的，家长动筷后其他人才可以开始。如果菜肴有鸡，鸡头要给年龄最长的人吃。在重要的节日或上新房时，酒宴的首席是在主人的卧室门口，主要落座的是主人、巫师、舅舅及外来尊贵客人，第二桌在竹楼正中的火塘旁，在此桌的是村寨长老，以此类推，大致按照村寨中男性地位高低、长幼顺序进行分配。

宗教祭祀中所杀的牲畜，按照全寨人家的多少平均分配，其中一份是为寨中祭祀的男家长所食用的，妇女和儿童不能食用；家庭祭祀中，叫谷魂用的小猪，只能男性家长一人在谷仓中食用；生小孩祭杀的鸡，只能孩子的父亲一人食用，而且在吃的过程中不许说话。

女人一生中不能将鸡蛋整个咬着吃，要竖直切成两半吃，否则儿女多灾多病。女人不能吃双黄蛋和并蒂的果子，吃了要生双胞胎。基诺族惧怕生养双胞胎，认为创世神话中玛黑、玛妞就是双胞胎兄妹，生了双胞胎就是生下来祖先，把祖先当儿女养，养不好是要发洪水，受到惩罚的。

二、狩猎禁忌

狩猎前，猎手将平时戴的黑色包头换成筒帕，扮成兽神的样子。在去狩猎的路上，遇到妇女不能与她搭话。基诺人到山间下扣子、支压木、下跳签都要选定日子，并在安置好狩猎工具后，回家单居客房，避免与

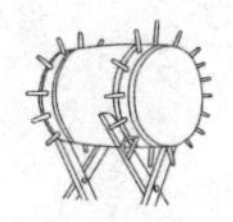

妻子同房。据说猎人身上附有动物的魂，与人同房就不能捕获猎物。

狩猎后，捕获麂子以下的小动物，不请人吃饭也不祭祀；获得麂子以上的野兽，如麂子、马鹿、野猪、野牛等，不仅要按规定分肉，还要举行祭祀仪式。除与众人分享兽肉外，按照猎获兽肉的地点不同，分发过程也有所不同。如在全寨共有的竹林里猎到野兽，要给“卓巴”一只前膀，给“卓生”一只前腿；如在氏族所有的竹林里猎到野兽，要给“卓巴”一只前膀，给氏族长老一只前腿；如在自己家族的竹林里猎到野兽，给“卓巴”一只前膀即可。

基诺族猎人惧怕打到野牛，尽管野牛体积大、数量多，捕获概率相对较高。因为猎到野牛表示受到了猎神的特别关照，要举行非常隆重的祭祀仪式。这种仪式，全寨的人要停止一切生产活动，包括舂米、拉线、纺织在内的日常活动。猎人家里需要宰杀鸡猪等牲畜祭祀猎神及家中供奉的鬼神，这样会耗费很多钱粮。所以，基诺人宁可承担更大的风险打老虎，也不愿意举行复杂的仪式打野牛。

三、生育禁忌

在基诺族社会中，孕妇不能吃酸、冷、生、臭食品，不能吃长有花斑的禽类兽类的肉，要吃长得漂亮的动物或飞禽的肉，这样生下的孩子才会长得漂亮。孕妇不能吃野兽头上的肉，不能吃祭神用的动物头上的肉，否则孩子会畸形。孕妇忌吃未出头的芭蕉花，忌横着吃黄瓜、茄子，忌喝葫芦装的水。孕妇不能听说聋哑、虎豹等不祥的事物；采集时，忌采白参、黄色菌。外出时，不能坐在石头上，不能坐在蕨类植物上。无论劳动多晚，都要回家居住。据说，这些行为都会影响到婴儿的发育和健康。

同时，丈夫也要尽一份责任。在妻子怀孕期间，丈夫不能参加如老人去世出殡等社会活动。如果出去打猎，忌打猴子，忌打花羽毛的鸟，忌打叫声难听的鸟，否则孩子会长得难看，声音难听。平时不能进铁匠房拉风箱，不能爬树摘果。砍柴时，不能把斧子放在柴中间，不能砍没有尖的竹子。

产妇只能在竹楼的晒台上进行分娩。孩子生下后，要用黄竹筒或龙竹筒里的清水冲洗，忌用甜竹筒装水，怕孩子贫穷，因为基诺语中甜和穷发音基本一样。要用新竹片割断脐带，忌用金属类物品割脐带，怕孩子发黑。孩子一落地，看清性别后就要起名。否则恶鬼会给婴儿起名，并把他带走，导致婴儿夭折。要把胎盘埋好，民间有一种说法认为胎盘是生命女神赐予婴儿的护身符，如果乱丢会冒犯生命女神，孩子多灾多病。胎盘一般埋在父母床铺的正下方竹楼下面的地上，埋好后按照男女在四周打下 9 根或 7 根竹桩，锁住孩子的魂魄。

产妇坐月子期间，外人不能入内。产妇忌铁器腥味，忌食家禽、家畜的肉，忌食猛兽的肉和野兽头上的肉，否则对婴儿不利。基诺族的生育禁忌相对烦琐，表明人们对流产、难产、婴儿夭折的恐惧，对新生命健康情况格外关注，是基诺人在日常生活中注重经验积累的结果。

四、丧葬禁忌

基诺族在死者的随葬品中，忌放铁器，忌放妻女的衣物。下葬时，墓坑一般挖好后要用树叶扫几下，否则挖坑者会得病。下葬结束，送葬人在回去的途中，要取一片带刺的叶子，丢在岔路口，表示把鬼魂丢掉；要用草将脚印盖好，据说这样可以防止鬼魂跟回来。回到死者家门口，要用死者家人抬出的清水洗净手脚，表示洗掉附在身上的恶鬼和脏东西。送葬的人要送给死者家人一碗菜饭，一斤酒，有的老人还送鸡蛋，并按照男左女右的习惯用白线拴在死者家人的手上，表示把魂拴住，不要跟着死者走。

第三章

流光溢彩的传统文化

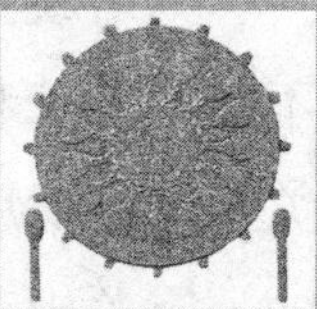

基诺族无本民族的文字，有自己的语言，属汉藏语系藏缅语族。过去主要靠刻竹记事与语言传承本民族文化。

基诺族的传统文化，历史悠久，特色鲜明，是基诺族人民在长期的生产生活实践中所创造的宝贵财富和经验总结，是基诺族人民智慧的结晶。他们被基诺族人民世世代代继承并发展，有涵盖故事、传说、谚语、情歌、舞蹈等丰富内容的文学艺术；有包括“特懋克”节、新米节、火把节等隆重仪式的传统节日；有关于神灵、鬼魂等神秘原始的宗教信仰。这些传统文化，成为基诺族民族精神的重要载体，犹如满天的星辰，把基诺族传统文化这片天空缀满、点亮。

第一节　丰富的文学艺术

在漫长的历史岁月中，基诺族人民创造了大量丰富的文学艺术，它们像灿烂绚丽的瑰宝，是基诺族精神财富的重要组成部分。这些神话传说、故事、谚语、情歌、舞蹈包含了人口繁衍、恋爱婚姻、农耕狩猎等日常生活的方方面面，与传统的宗教信仰、社会制度、礼仪规范相结合，传递了基诺族人民的生活信息，反映了基诺族人民的真情实感，成为记录基诺族起源、发展历史轨迹的宝贵资料。

一、内容广泛的故事传说

基诺族世代相传的故事传说，源于生活又高于生活，经过先祖们不断的加工和创作，杂糅了对美好生活的构造和想象，其具体内容有关于起源发展历程的，有关于村寨名称由来的，有关于民族相互交往的，有关于英雄人物命运的，有关于美好爱情生活的，还有关于动物间的争斗的，等等，从不同层次、不同角度呈现了一幅多姿多彩的立体生活画卷。

1. 关于起源发展

基诺族的创世神话《造地的母亲》《洪水的故事》是对人类社会最初起源猜想的经典传说，对“阿嫫尧白”这位创造万物、给世间带来和平祥乐的母亲进行了热情的赞美。此后，关于基诺族不同发展历史时期的传说，有《玛黑玛妞的故事》《卓巴变卓生的故事》等，这些传说故事，有的述说了基诺族母系氏族社会的特征，有的描绘了从母系氏族社会向父系氏族社会过渡的具体过程，还有的涉及基诺族各支系的由来、母子寨及兄弟寨关系建立等内容。

2. 关于村寨名称

基诺族的村寨名称有着丰富的内涵，它们从侧面说明了基诺族变迁的历史，是了解基诺族历史的重要材料。在基诺族的众多传说故事中，以《巴亚——掌权寨》《巴朵寨的传说》等为代表的一系列传说故事，不同程度地涉及各个村寨的寨名来历。如《巴亚——掌权寨》介绍的是基诺族下杰卓山后建立的唯一一个由男性长老执政村寨的故事；而《巴朵寨的传说》讲述的是关于基诺族下杰卓山后建立的第一个母寨的传说。

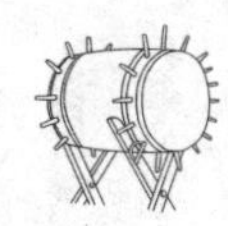

3. 关于民族关系

基诺族自出世就与汉族、傣族、布朗族等少数民族接触频繁，这些在许多故事传说中都有体现。如《穷人》讲述了汉人预见村寨要发生地震，提前警告穷人逃命的故事。《水牛》讲述了汉人给了基诺妇女草帽，帮助她躲避瘟疫的故事。这些故事反映了基诺族与汉族之间的和睦团结。而《扫基与召片领》描绘了这样一个传说：美丽的基诺族姑娘扫基嫁给了傣族土司召片领，遭到召片领前妻的嫉妒迫害，便回到自己的村寨，几十年之后扫基的儿子继任召片领。扫基的曲折经历，生动反映了基诺族与傣族之间的亲密关系。与此相应，傣族的叙事长诗《西双漂》也记录了与这个传说相似的故事，证明了一段历史时期内，基诺族和傣族之间确实存在着较为复杂的关系。其他的一些传说，如《基诺族为什么没有文字》《基诺族为什么住在山区》等则讲述了基诺族与周边民族之间的区别。

4. 关于英雄人物

基诺族故事中，为人们所熟知的经典人物叫作“阿推”。有一系列的小故事，如《主人喝马尿》《山官吃猫屎》《阿推波浩》《山官捉竹鼠》《棍打山官婆》《砸烂铁锅》《财主背盐巴》等，都是围绕英雄人物阿推的命运，以灵活独特的表现手法，讲述了穷苦的阿推凭借着聪明才智，多次戏弄山官和压迫者，弃恶扬善的故事。阿推深受劳动人民推崇和喜爱，是因为他能够不畏强权，伸张正义，他所表现出的正是基诺族人民这些普通劳动者身上的朴实和勇敢。

5. 关于美好爱情

爱情是人们生活的永恒主题。基诺族的故事传说中，有一部分从不同的侧面叙述了爱情生活。在《两个小伙子》《日月花饰的由来》等故事中，美丽的姑娘没有嫌贫爱富，真心爱上了善良勇敢的小伙，他们历经艰难，共同追求着幸福的生活；在《鱼姑娘》《鸡蛋姑娘》等故事中，塑造了纯朴美丽、敢于和命运抗争的鱼姑娘、鸡蛋姑娘等形象，情节曲折生动，感人至深；在《堂兄妹》《白蜡子和勒飘》等故事中，基诺族“同姓不婚”的习惯法成为相恋人结合的障碍，于是他们选择放弃生命、忠于爱情，传唱着感动天地的悲歌。

6. 关于动物争斗

基诺族还有很多动植物故事，如《小鼠战胜大象》《青蛙和猴子》《青蛙断案》《猴子下仔》《鹌鹑为什么没有后脚趾》《鸡嗉果树为什么是弯的》《老虎为什么不吃水牛》《麂子为什么是红斑白肚皮》《小猫头鹰守着板栗树》等，讲述了动物的形态特征或动物之间的斗争，虽然内容精练，情节简单，但通过讽喻的手法，将动物人格化，借物抒情，表达了基诺族人民扶助弱小的心理和对美好生活的向往。

还有其他一些内容的故事传说，他们通过对不同内容的描述，反映了基诺族的生活特色。《老猎手智斗特缺》《特缺的压木》《十六岁的姑娘》《你为什么不打着火把来》《孕妇不吃芭蕉米的来历》等，通过描写猎人与食人者“特缺”的斗争，日常生活中发现“特缺”、消灭“特缺”的过程，反映了基诺族社会经历过与食人者相融合、相斗争的阶段；《谷种的来历》《稻谷籽种的来历》《人吃饭、牛吃草的由来》等，围绕着种子的来历，描述了基诺族农耕生活的特点；《猴子和人》《大姐和四妹》《神棍子》等，通过描写家庭内部纷争，赞扬了勤劳、善良的美德，批判了狡诈、贪婪的行为。

二、倡导典范的民间谚语

神从水出，人从鼓出。山上的路是猎人走出来的，基诺的规矩是祖先留下来的。

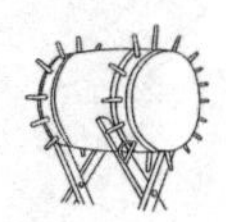

> 在家守家规，进寨遵寨规。雁群远飞靠头雁，寨人办事靠卓巴。猴有猴王，寨有寨主。男九魂，女七魂。砍柴要用快刀，撵鬼要靠莫裴。吃饭先敬老人，祭神先祭祖先。

这是基诺族的谚语。谚语是用准确、简单、通俗、生动的语言总结历史经验，是民间集体智慧的结晶。基诺族的谚语是对基诺族“古规”、“祖礼”的记录，是基诺族因循传统、尊重民族发展历史的见证，约束着基诺族人民的社会行为，倡导着基诺族人民的道德典范。基诺族谚语浅显易懂、巧妙贴切，基本概括了社会生活的整体面貌，具体可以归纳为常识谚语、事理谚语、人生谚语等几个方面。

1. 常识谚语

随着时间的推移，基诺族将人们在日常生活中农耕时间、气象变化、生产经验进行了规律性的总结，形成了一系列常识谚语。后代子孙按照这些谚语安排生产，解决实际生活中所遇到的困难。如：

> 知了脱壳不绝种，旧年走了新年来。树上知了叫，砍地时节到。知了叫，砍地烧荒时节到。三月点瓜，四月下种，五月雨水，八月吃新米。雷公先唱歌，下雨也不多。燕子高飞天必晴，燕子低飞天有雨。盐槽冒水珠，雨水就要到。蚂蚁搬家雨水到，蜘蛛结网天气晴。黄牛满山窜，天气一定好。水牛打泥，晴空万里。狗淌口水天气晴，竹叶发青旱季到……

2. 事理谚语

基诺社会有以“卓巴”和“卓生”为首的传统长老制，他们按照习惯法规处理着基诺村寨的大事小情。谚语中有很多内容围绕着基本的处事原理，教导个体的行为要与集体利益相一致，强调人们对集体的认同，增强民族凝聚力。谚语的内容主张人与人之间、人与社会之间建成良性的和谐关系，促进社会的稳定发展。这些谚语有：

弓是弯的，理是直的。弩箭射不落太阳，刀枪打不垮真理。洪水可以淹没山岳，但淹不了真理。乌云遮不住太阳，谎言遮不住真理。谎话专在暗处讲，真理不怕明处说。理不怕辩，金不怕炼。盐巴越舂越细，道理越讲越明……

比如还有：

有肉大家吃，有酒大家一起喝。独男不顶七兄弟，单女不如七姊妹。独臂难举石，人多可搬山。柴少火不旺，人少事不成。豹子喜欢离群的牛。蜜蜂离群酿不成蜜，人若离群做不成事。一根线织不成布，一根柴煮不熟饭。一滴水不成河，一棵树不成林……

3. 人生谚语

基诺族的谚语，还有关于人生经验的归纳总结。

如注重包容谦虚的品德修养，有谚语：

一家人难免生病，一个人难免有过。竹签做不成针，芭蕉拉不出线。被熊抓伤的人，见到猴也害怕。钝刀子割肉也出血。蚂蚁贪甜，死在糖里。口渴嚼茶不解渴，肚饿嚼米不充饥。土再厚埋不住蚯蚓。麻雀长得再大，也成不了山鹰……

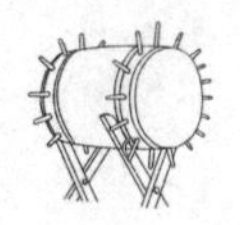

如提倡勤劳节俭的生活态度，有谚语：

> 纺锤随身带，穿衣不发愁。一路纺线一路走，半年衣服不用愁。手中有把锄和刀，胜过一袋金银财宝。旱季备足柴，雨天火塘旺。养好母鸡不愁没蛋吃。勇敢的男人会打猎，勤劳的妇女会当家……

如对恋爱过程、家庭关系有着独到、精辟的见解，有谚语：

> 母狗不摇尾，公狗不会跟；姑娘不表情，小伙不会随。见酸口水淌，见了情人露情感。夜间的蛐蛐可叫到天亮，知心的人儿会唱个通宵。单相思不病体变黄，追求不爱你的人心会寒。……儿女长得再丑，也是自己身上的肉。鸟找着食飞上树梢，儿听到话找爹妈说。别人的孩子拉不来，自己的孩子撵不走。仔多母猪瘦，儿多父母苦……

无论是常识谚语、事理谚语还是人生谚语，都是基诺族在用独特的语言方式，教导着后辈子孙，评断着社会纠纷，传递着生活中可借鉴的信息。总之，基诺族的谚语蕴藏着基诺族几百年来社会发展历程的精华，是基诺族人民对以往生活经历以及未来生活世界的理性思考。

三、动人的“巴什”情歌

基诺族人常说：“我们的歌谣比叶子还多。”歌谣是基诺族生活的重要组成部分，谈情说爱人们唱情歌；嬉戏玩耍孩子们唱儿歌；逢年过节人们唱仪式歌；捕获猎物人们唱狩猎歌。基诺族的歌谣，内容丰厚，是历史知识、风俗习惯的精编，是民族传承活的“教科书”。基诺族的歌谣曲调多样，或欢快轻盈，或悲伤哀怨，委婉动听，声情并茂。基诺族的歌谣形式灵活，或单人独唱，或男女对唱，或众人合唱。基诺人用歌声问候，用歌声祝福，用歌声倾诉心事，用歌声表达情感。高兴时要唱歌，悲伤时也要唱歌，平常时歌不离口。倾听基诺人的歌声，不只是在了解基诺人的生活，更是在走进基诺人的内心世界。

在基诺族的所有歌谣里，情歌是最具特色的一种。基诺语中，"巴"类代表情歌类，有"巴格勒"和"巴什"两类。

"巴格勒"是"大家都唱的歌"，这种歌谣习惯运用比喻、排比等手法，形象生动，感情细腻，或含蓄或大胆地表述青年男女间的纯洁爱情。比如恋人之间彼此赞美的"巴啥"：姑娘戴着斯斯花，姑娘戴着木棉花，姑娘戴着斯莱达贵花，映红了你的脸，映红了你的嘴，路上遇到你，身影记心上……恋人间相互试探是否真诚的"巴勒"：（女）山林里有那么多的果树，结出的果子又香又甜，你可会伸手去采摘？（男）不管山上的果子多么香甜，我连闻都不闻它的香味，因为我心中的果子比它更鲜美……恋人有一定接触，两情相悦时唱的"巴波"：我俩常在夜里相会，只要不死就要相爱一辈子，我给了阿哥各种美丽的花，虽不好看却是阿妹的一片心意……

基诺族的歌谣中最动人的要属"巴什"情歌。"巴什"是殉情歌，描写氏族内一对同姓兄妹相恋，不能婚配而相约殉情。在众多的"巴什"情歌中，最经典的是《到祖先灵魂居住的鬼寨去成双》，歌中唱道：

（男）我后生的"巴什"阿妹哟，我俩的恋爱已经很久了。我俩从小就心心相印，我们的爱情坚定不移。你家有父亲，你家有母亲。他们说："一个氏族的人不能成亲，不然只有到鬼的世界中成双。"不管父母说，不怕别人骂，我爱你的

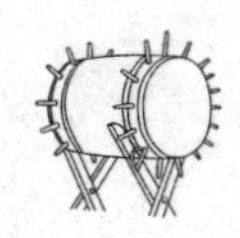

心不变。……我只知生在哪一天，不知死在哪一天！我亲爱的“巴什”姑娘啊！人死不分先后，既然我俩活着不能成双，我们只有死后成双，请告诉我：是我先死，还是你先死呢？

（女）啊！我亲爱的“巴什”哥哟，我这难看的顾念也舍不得离开你，我赠给你死别的信物，请你留下作个纪念吧！既然我俩活着不能成双，我要先死去了。……人世间不能成双的一对“巴什”，在祖先居住的鬼寨结婚了，我们在鬼寨齐心劳动，生活美满，让鬼寨的人们同声称赞。我爱你的十个心就死了，同一个氏族内的姻缘，在人世间世世代代不能传，一对钟情的“巴什”活着不能结婚，只能到祖先居住的鬼寨去成双。

“巴什”情歌的动人之处在于男女主人公为了追求忠贞的爱情历经波折，克服重重困难，敢于向传统权威挑战，不惜为爱情献身。由于基诺族各村寨中的习惯法在执行力度上有一定区别，“巴什”情歌描述的故事结局不同。一种说法是在严格遵守“同姓不婚”的村寨中，“巴什”恋人双双殉情后，灵魂到“司杰卓米”处成婚，开始了幸福的生活；另一种说法是在禁止巴什内婚，但执行并不十分严格的村寨中，“巴什”恋人经过抗争和各种方式的调解，获得圆满的结果。无论哪种说法，“巴什”情歌描述的过程中，主人公的酸甜苦辣、悲欢离合，牵动着每一个歌唱者的内心，引起人们深深的同情和强烈的认同，唱到情深悲切之处，连几十岁的老者也潸然泪下，表现了基诺族淳朴真挚的情感世界。

基诺语还有其他种类的歌曲，如儿歌为“佐交交么”，翻译过来是“小孩子玩耍时边唱边跳的歌”，这部分歌曲音节连贯，旋律欢快，歌词简单。在具体内容上差异较大，如《尖尖帽连一起》表述了儿童在一起游戏时的场景；《摘苦凉菜》描绘了儿童参与采集的生活情景；

《阿资特达》教育儿童不要爬树；《么沙么迫勒》讽刺不知羞耻的人；《踹拉踹》反映基诺人民对官家头人不满……还有孩子入睡时祖母或母亲哼唱的摇篮曲等，虽然情景不同，风格有所区别，数量不多，但同样简短流畅，经久传唱不衰。

基诺族信奉“万物有灵”，从祖辈开始人们为了生存，不断向大自然的万物祈祷平安丰收，时间慢慢流逝，这种祷祝的过程逐渐变成固定的仪式，祷祝的内容逐渐变成演唱的歌曲，仪式歌由此而来。它主要指的是在举行祭祀仪式、婚礼仪式、丧葬仪式、各种节日过程中所唱的特定歌谣。如《祭铁神》《祭猎神》《祭雷神》《祭寨神》等，表达了对各种神灵的赞美和感谢；《砍地祭祀》《烧地祭祀》《播种祭》《窝棚祭》等，表达了对大自然的敬畏和崇拜；《结婚歌》《丧葬歌》《过节歌》等，则是在婚礼丧葬仪式及重大节日中所演唱的歌曲，有祝福也有哀怨，寄托了基诺人民对丑恶事物的鄙视和对美好生活的祝愿。

还有狩猎歌，顾名思义，是基诺族民众在野外狩猎时所唱的歌曲。如《下扣子》《扣子勒小鸟》等，再现了狩猎活动的真实情境；《竹筒调》《走路调》等，表达了猎人狩猎后敲着竹筒回村寨的欢畅；《打猎歌》《煮头调》等，则描述了狩猎后大家在一起共食猎物的喜庆场面。这一类歌曲随意自然，将劳动者辛苦乐观、淳朴向上的品质一一展现。

新中国成立以后，基诺族民间艺人根据传统民歌特色，结合新时代社会发展，改编创作了一系列流传广泛，影响深远的歌曲，如《敬酒歌》《我的家乡基诺山》等，这些歌曲富有时代气息，结合了现代元素，表达了基诺族人民对基诺山的热爱和对新生活的赞美。

四、神圣的“太阳”鼓舞

舞蹈是生活信息和内心情感的肢体表述。跳舞时，舞者盛装打扮，怀着无比真诚的心情，全身心地投入到表演当中，感染着所有的人。

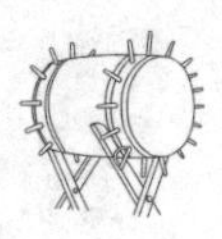

基诺族舞蹈或者刚健有力，或者阴柔婀娜，或者天真烂漫，或者优美高雅，是基诺族传统文化艺术的重要内容之一，是基诺族人民社会生产生活的客观反映，有着浓郁的民族特色。有过年节时或祭祀祖先神灵时跳的《大鼓舞》；有丧葬时跳的《安息舞》《安葬舞》《驱鬼舞》；有贺新房时跳的《沙高切》，等等。其中，最有特点的是神圣的“太阳”鼓舞。“太阳”鼓舞即大鼓舞，基诺语称为“司土蛔”，最早是一种男性独舞，后改由村寨长老们率领村民们一起跳的群舞。通常在基诺族的节日或祭祀活动上，“太阳”鼓舞必不可少，而立春过后的“特懋克”节上则最为隆重。

大鼓舞的主角“大鼓”，基诺语称为“斯图”或“斯巴”，是基诺族最神圣的祭器和乐器。在基诺族的创世神话中，是大鼓载着基诺族的祖先躲过洪水之劫。大鼓代表神的旨意，是神的化身，它能保佑村寨人丁兴旺，丰收富裕。任何人都不能冒犯大鼓，随意敲击碰触。每个村寨中有两面大鼓，稍大的一面是公鼓，放在“卓巴”家里供奉；稍小的一面是母鼓，放在“卓生”家里供奉。基诺族认为，大鼓应是“高矮适中，胖瘦合度，以比例匀称为佳”。大鼓的鼓身通常选用坚硬而不易开裂的椿树、水红花树为原材料，选好原材后要选择吉日杀鸡祭祀山神、树神。然后，为避免女人和动物看见，大家在晚上砍树。将树砍到后，锯成长约 1 米，直径 50～70 厘米的圆柱形，中心掏空，放在专门的草棚里。最后，在天破晓之前用生牛皮蒙好鼓面，蒙鼓面前要杀鸡祭鼓，蒙鼓面后要跳大鼓舞祭鼓。大鼓两端鼓面下方还镶有 20 个木柄环绕鼓身，如同太阳光芒，称放射状，所以又将大鼓称为“太阳”鼓。

“太阳”鼓声音浑厚，洪亮，配上基诺族的演唱曲调，确实能荡气回肠、振奋人心。跳“太阳”鼓舞前，要先杀一头乳猪、一只鸡，供于鼓前。村寨中七位长老磕头拜祭，其中一人念诵祭词，祈祷“太阳”

鼓给人们带来吉祥平安。祭祀过后，由一个人双手拿着鼓槌一边击鼓一边跳舞，其他还有很多的伴舞者和伴唱者。伴唱者演唱的是与基诺人历史文化、道德习惯有关的内容。"太阳"鼓舞主要由屈腿、举手、转身这些基本动作构成，随着拜神灵、欢乐跳、过年调等不同的曲调而在动作上稍有调整，略有变化。

太阳鼓舞 （王景和摄）

随着时代的变迁，人们的生活状态和文化意识都发生了改变，"太阳"鼓舞面临着部分社会功能的丧失和逐渐被遗忘的尴尬境地，引起了社会各界的关注。2008 年，基诺族乡文化站正式成立了基诺族大鼓舞传习所，许多专家学者加入到对"太阳"鼓舞的研究和保护队伍中来。2013 年，基诺族乡巴坡村的"土风计划——'基诺族大鼓舞'文化传承示范村项目"正式启动，希望在民间艺人、文化能人的带动下，培养出一批大鼓舞文化继承人，促进对大鼓舞文化的开发和社会经济价值的挖掘。"太阳"鼓作为一种特有的文化符号，是基诺族精神的象征。"太阳"鼓舞经过艺术加工，也不再是单纯的祭祀舞或节日舞，但

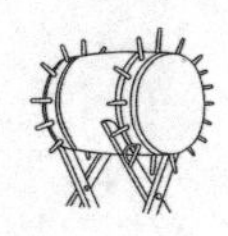

是它所承载的历史文化内涵，经过我们的共同努力，一定会世代延续并传承下去。

太阳鼓舞　（王艺忠摄）

基诺族还有其他的舞蹈方式，如丧葬时会跳《安息舞》《安葬舞》、《驱鬼舞》等，《安息舞》是为年轻姑娘送魂，舞者全部为女性。她们在死者家房前平地上，手拉着手，顺时针方向移动，不甩动，无伴奏，整个晚上边唱边舞。《安葬舞》是为老年人而跳，舞者有男有女。他们手拉手围成圈，不断变换动作，气氛深沉。《驱鬼舞》是为高龄的村寨长老而跳，有领舞有伴舞。整个舞蹈象征与鬼打斗，不同角色动作不同，有歌曲伴唱，有铓锣伴奏。

上新房时会跳《沙高切》，这种舞蹈由一个长者带领众人手拉手围成圆圈，人数不限，圆圈中留有一个口子，供后来者加入。跳《沙高切》时，两名领唱声音洪亮，音域宽广。参加的人们排列整齐，饱含深情。整个舞蹈过程中，节奏舒缓，秩序井然，气氛热烈。除了这些种类之外，基诺族的舞蹈还有儿童舞、姑娘舞等。跳儿童舞时，孩子们或是围成圆圈，或是排成两行，可以勾脚单脚跳，可以拉手跺脚跳，活泼大方。跳姑娘舞时，姑娘们相约到一片空地上，双手搭在肩膀，双脚左右扭动，皎洁的月光照到她们脸上，欢乐轻快。

第二节　隆重的传统节日

传统节日与原始崇拜、宗教祭祀、禁忌习俗有着亲密复杂的关系。由于各少数民族之间的历史文化差异，各民族的节日文化呈现出鲜明的民族性和地区性特点。在基诺族社会里，一年之中有各种不同的节日盛典，其中影响较大的是喏嫫洛、特懋克、新米节和火把节。

一、喏嫫洛

基诺语的“喏嫫洛”，意思是“祭祖魂”，也有学者称为祭祖节，是为了纪念基诺族的创世之神阿嫫尧白而举行的隆重祭祀仪式，一般在7月举行，历时13天。基诺人认为阿嫫尧白是基诺族的始祖，她从水中醒来，看到世界混沌一片，创造了太阳、月亮和星星，把天地合拢后，创造了风雨、花草、树木。后来各种生灵争强好胜，秩序混乱，阿嫫尧白打算毁灭他们，就制造了7个太阳，太阳光如同大火一般炙烤着大地，一些狡猾的生灵逃过此劫，阿嫫尧白就制造了洪水，只留下一对兄妹繁衍人类。于是，在基诺族传统历法中，按照阿嫫尧白创世的顺序，以12天纪日，以12月纪年。12日分别按照阿嫫尧白创世的顺序分为：水日、阿嫫尧白日（也可以称为造物主日）、（太）阳日、月（亮）日、星（星）日、合日、草日、风日、树日、雨日、七阳日、火日。基诺族习惯将周而复始的那一天也加进来，成为13天。

据说阿嫫尧白后来遭到了暗算，在“水日”闭上了眼睛，“阿嫫尧

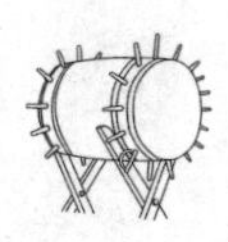

白日”全身冰冷。人们在“阳日”、“月日”、“星日”、“合日”开始报丧、奔丧，“草日”商量安葬仪式，“风日”准备并摆放祭品，“树日”和“雨日”为阿嫫尧白拴线、送鸡蛋，“七阳日”为阿嫫尧白送葬，“火日”阿嫫尧白升天，再到“水日”一切料理完毕。阿嫫尧白的葬礼经历了13天完成，基诺族的“嗒嫫洛”从商量阿嫫尧白祭祀仪式的“草日”开始，以阿嫫尧白闭上眼睛的“水日”最为隆重，共举行13天的祭祀活动后结束。

前几天，村寨里的人们要举行各种准备性的活动。比如，全体村寨的人将通往各个村寨的道路整修，破损严重的重新铺平，检查各村寨界标，遭到毁坏的要重新安放；各家的家长要参加杀水牛仪式，除牛尾巴的一段献给树神外，其他均分各家各户。并且要按照一定的次序，进行拜访活动，如各家的兄弟要带上米和用牛肉制成的干巴拜访本家族的家长（男性长子），送给家长的礼物是用来祭祖时使用；各家族的家长拜访村寨中的长老“卓巴”和“卓生”，一般“卓巴”氏族的人去“卓巴”家，其他氏族的人去“卓生”家。村寨的长老们还要聚在一起商量下一年的生产生活、祭祀活动等具体安排。

到了第七日“水日”，各村寨先要搭好由曼通树枝所建成的寨门。由于树枝上绑着“达溜”，人们就将它称为“达溜门”。表示禁止鬼魂进入，禁止外村人进入，禁止本村人出行，全寨停止一切生产劳动。全寨中各家的家长会随着长老到寨边杀猪，并搭好一个临时的草棚。草棚内按照村寨中长老的人数摆放桌子，桌子上面铺上芭蕉叶，摆上装有米和盐的葫芦瓢。待长老们坐好后，祭祀仪式开始。首先，由“卓巴”念祷词，重申基诺族的传统习惯法规，并洒米分猪肉。然后，人们在长老们的带领下到“达溜门”处念祷词，“卓巴”念完后会敲击竹棚，人们会喊叫着跑回家中，将空菜板剁响，过一会才可以出门。这一过程中，妇女要回避，否则不吉利。而“卓巴”、“卓生”也会将各家送来的米做成饭团，干巴切成小块，按照每家1个饭团3块干巴的标准，分给各家用于祭祀祖先。“水日”过后，长老们还要占卦预测一年的凶吉，各家不许唱歌跳舞，不许打架，到第13天，人们将“达溜门”拆掉，“喏嫫洛”才算结束。

基诺族各村寨在“喏嫫洛”仪式的安排、方式、过程上并不完全统一。但“喏嫫洛”确实是基诺族一年中最隆重的活动，过了“喏嫫洛”，收获的季节就到了，人们吃新米、叫谷魂，不再忍受饥饿，可以开始尽情吃饭吃肉，所以传统的基诺人将“喏嫫洛”作为一年之初，过“喏嫫洛”相当于过年。只是随着铁器的传入，从春天播种开始的农业成为基诺人经济生产的中心，而基诺族与外界接触过程中，受到汉族、傣族所使用历法的影响，改用汉族、傣族的公历，随之一年之初的观念也发生了改变，才改为将“特懋克”节作为一年的开始。

二、特懋克

“特懋克”是基诺语，译后是“打大铁”，“特懋克”节实际脱胎于传统的打铁节，如今是基诺族最隆重、最盛大的节日。

“特懋克”节由来已久。相传很久很久以前，有一位基诺族妇女怀胎九年零九个月，孩子还是没有出生。这位妇女向巫师莫丕求助，莫丕祭祀祈祷，没有任何效果，人们纷纷议论妇女肚子里的孩子是如何如何的奇异。突然有一天，妇女腹中剧痛，并伴有“喀吧、喀吧”的响声，原来是孩子咬断母亲的七根肋骨，降生出世。落地时，孩子一手拿着铁锤，一手拿着火钳，见风就长，几天之后成人，并开始打制铁刀、铁斧、铁锄等铁器，基诺人从此开始使用铁器，生产生活水平有了很大的提高。后来，人们为了纪念这一巨变，便在每年腊月过“特懋克”节。

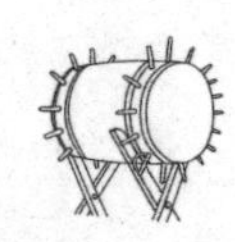

“特懋克”节：剽牛仪式　（刘建明摄）

传统的“特懋克”节时间并不固定，村寨中的长老们根据气候特征、节令变化及农事活动研究具体的日期及活动安排。而且各村寨辈分不同，过节的顺序也有一定排列，父母寨先过，过节时子女寨要送去礼物祝贺；相隔 13 天后，子女寨过节，邀请父母寨的人前来参加。这样，“特懋克”节能够持续一个月左右，各个村寨先后过年，相互走访，相互送去节日的问候，整个基诺山欢声四溢、酒醇肉香，一片和谐、兴旺的景象。

过“特懋克”节期间，要进行剽牛、祭铁匠神、祭大鼓等一系列活动。过节前一天，人们会把早已买好的黄牛固定在一棵大树下，杀牛人手持长刀先砍下一节牛尾以供树神，再朝牛的后腿关节处连砍两刀，众人一拥而起砍断牛的前腿。这时，杀牛人抡起大锤朝牛头砸去，黄牛倒地死去。大家开始剥皮分肉，一部分肉作为礼物送给其他村寨；

一部分肉留做聚餐食用；一部分肉分发给村民，牛头、牛脚要送给村寨长老，其他的或者均分，或者按照买牛时凑钱的数目分配。晚上，“卓巴”要拿上酒、肉、米、蛋等礼物到铁匠家，请他做梦预测明年的年景如何。

“特懋克”节：祭天仪式 （刘建明摄）

正式过节这一天，铁匠要将前一夜做梦的内容汇报给“卓巴”，并同“卓巴”一起吃饭喝酒。饭后，铁匠将铁匠房整理一遍，打扫干净。“卓巴”带着活鸡前来祭祀铁匠神，在火炉、风箱等工具上淋上鸡血，贴上鸡毛，念唱祭词，做一打铁的动作，村寨里就可以开始打制铁具了，铁匠会当场烧制一块铁片，用铁锤认真敲打一遍，表示打好铁斧、铁具，可以开始春耕了。祭祀铁匠神表明基诺族对先进生产工具的尊重，并希望不断提高生产技术获得更加幸福的生活。除祭祀铁匠神外，

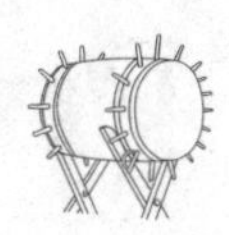

“卓巴”还要带领村寨中的人举行备耕仪式。“卓巴”身挎弯刀，头戴篾帽，背着百叶，带着生姜、芋头，先在自己家房前屋后祭祀鬼神。然后到寨边象征性地砍一块地，烧一下，将生姜、芋头埋在土地里，备耕仪式就算完成了。

“特懋克”节上的旋转秋千　（刘建明摄）

中午的时候，村寨中各户家长带上酒、肉等食物来到“卓巴”家中，在大鼓前供奉铁锤、铁钳以及鸡毛、芋头等物品。村寨长老依次就座，“卓巴”念诵祭词。祭鼓结束后，将大鼓抬到寨中的广场上，由“卓巴”先敲响大鼓，第一个跳起“太阳”鼓舞，其他寨老在众人的邀请下，纷纷加入，逐一跳起“太阳”鼓舞。村寨长老跳过后，再由各家族族长、各家家长跳舞，直到所有长辈跳过后，年轻人进入中心，高声欢唱，尽情歌舞，“太阳”鼓舞达到高潮。

“特懋克”节期间，全寨无论男女老幼都会穿上节日的盛装，欢庆新的一年的到来。人们打秋千、丢花包、踩高跷，访问亲朋好友，频繁聚会畅饮。由于“特懋克”节历史流传久远，对于基诺族意义重大，1988年，云南西双版纳州人大常委会决定每年公历的2月6～8日为基诺族的年节。现在，每到“特懋克”节，基诺族人民会统一举行庆祝活动，各民族群众、各地游客也会慕名前往，观看有着基诺族传统特色的“太阳”鼓舞、剽牛等祭祀仪式，感受独特的民族气息，与基诺族人民一起唱歌跳舞，欢度佳节。

“特懋克”节上的竹竿舞　（刘建明摄）

三、新米节

每年阴历九月，基诺族都会过“禾西卓”，尝吃新米、祭祀祖先，即新米节。据说，很早以前，基诺族还不会耕种稻谷，平日以猎获野兽、采集野果为生，经常要忍饥挨饿。一天，猎手腰车带着猎狗上山打猎。猎狗在山上东奔西跑，腰车也跟着跑了9座山、9条箐，可是一无所获。晚上回到家里，年迈的母亲帮助猎狗清理尘土，发现身上粘着三粒稻种。老人不知道是什么，随手扔到了屋外的空地上。过了几个月，这三粒稻种长出金黄的谷穗，老人尝了尝，又香又甜，于是告诉周围的邻居，大家纷纷仿照着播种稻谷。从此以后，基诺人不怕狩猎时空手而归了，他们吃上了米饭。

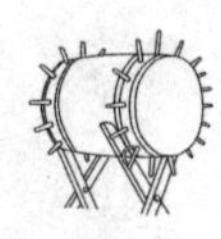

新米节当天，人们要到已经成熟的田地里割出一定数量的稻谷。如果在途中听到麂子或一种叫角布落的鸟的叫声，则认为不吉利，要回到家中，将过节的时间推后。如果没有听到这两种叫声，则可以继续过节。除稻谷外，人们还要采摘其他植物的果实，并杀两只鸡，按照祭祀神灵的不同，把稻谷、瓜果、鸡肉放在不同的祭品台上。太阳落山之前，在家长的带领下，每家会举行“尝新祭”。从祭祀父母开始，请父母的魂灵前来品尝新米，保佑庄稼丰收，紧接着是寨神、畜神……逐一祷念祭词。祭祀完毕后，家人坐在一起吃团圆饭，并将新采的谷穗插在屋顶的草排上。

新米节除采新米、尝新米外，还要祭祀父母及祖先。而且，铁匠家要祭铁匠神，猎户家要祭狩猎神、山神，有的家庭要祭兽神、畜神。由于各家的忌日不同，祭祀的对象不同，所以新米节没有统一的日期，在稻谷成熟的一个月内，每家由家长自行选择吉日。需要注意的是，每个村寨必须在长老“卓巴”家举行过祭祀后，其他家才能进行。

吃过新米，收割庄稼的时候就要到了，基诺族还有叫谷魂的习俗。据说，从前有一年秋收时节，人们纷纷到地里收割粮食。有一户人家里，只留下一个老阿妈做家务，家里人告诉阿妈，要把谷仓打扫干净，好堆放新谷子。可是，阿妈忙着做家务，把这件事情给忘记了。下午，新谷的谷魂纷纷飞到谷仓里，阿妈一看，拿起扫把撵起新谷魂来，说道：“老谷子还占着仓库，新谷子堆在哪里？你们不要忙，我的仓库还没有打扫好。”谷魂一听，全部飞走了，等到阿妈打扫好谷仓的时候，谷魂却再没有飞回来。人们知道后，急忙杀鸡杀猪到田里祭祀，并喊道：“谷魂、金银魂、人魂、儿子魂、娘魂、猪鸡牛羊魂回来了，山上草深了，你们不能在了。我背着鸡来叫你们，还要杀猪鸡请你们回来。”从此，基诺族每个家庭会在农历十月左右挑选个日子叫谷魂，祈求庄稼丰收，谷仓被填满。

四、火把节

从前，天上有个大力士叫斯热阿比，地上有个大力士叫阿提拉巴，两个人都是出了名的神力，没有人能摔倒他们。有一天，天上的斯热阿比听说了人们对阿提拉巴的称赞，心里很不服气，决定下到凡间与阿提拉巴一决高下。阿提拉巴知道后，对母亲说："我先出去一趟。要是天上的大力士来找我，就请您拿一块铁招待他，就说这是我平时喜欢吃的东西，请他尝一尝，我回来后自然会和他比试。"果然如阿提拉巴所预料的，没过多久，斯热阿比就来到家里，他接过铁块后怎么也咬不动，心里明白没有阿提拉巴的力气大，便匆匆忙忙地离开了。阿提拉巴回来后，知道了情况的原委，赶快追上了斯热阿比。两位大力士比试起来，地动山摇，几个回合后，斯热阿比就被摔死了。天菩萨知道这件事情之后，十分不悦，就派大量的虫子来到地上吃庄稼。而阿提拉巴想出了对付虫子的办法，在农历六月二十四那天的晚上，每个人手里都拿着点燃的松枝，将祸害庄稼的虫子烧死。后来，基诺族在每年的这一天手拿火把狂欢，人们称为"火把节"。

火把节是基诺族传统的节日，每年农历六月举行。过节之前，"卓巴"和"卓生"会分派村民上山砍伐松柏，然后用这些松枝在村寨的广场上支起一个高大的火把。节日当天，全寨村民换上节日的盛装，准备丰盛的美食，亲朋好友相互慰问拜访。到了晚上，"卓巴"和"卓生"主持祭祀祷告，之后点燃大火把，人们全部汇集到广场，开怀畅饮，围绕着火把，纵情歌舞，彻夜狂欢。

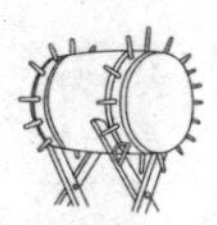

第三节　原始的宗教信仰

宗教信仰是一种较为复杂的意识形态，它与人类的农业生产、婚姻家庭、文学艺术等生活的众多方面有着天然的联系。在传统的社会生活中，对丰收的祈盼和对灾难的恐惧造成人们对自然万物的崇拜。人们无法解释常理之外的事件发生，无法控制可能预测到的事件结果，只能将这些解释成为万物无形的神鬼在作怪，并希望通过信仰供奉、忠诚祭祀来实现最理想状态的到来。基诺族人民就是如此，他们与神鬼交流、抗争，一方面畏惧神灵，希望受到神灵的庇护；一方面驱除鬼怪，希望赶尽不祥的恶鬼。他们通过白腊泡和莫丕，以及一系列严格的规矩礼仪，实现人神之间、人鬼之间的沟通。基诺族将神、鬼都看成是一种魂，没有具体的划分，相对而言，对神灵更多的是敬畏；对恶鬼更多的是安抚、驱赶。

一、敬畏神灵

基诺族所供奉的神灵除创世神“阿嫫尧白”之外，还有“丕嫫”女神、贝神、箐神、铁匠神、雷神、树神等。

“丕嫫”女神：又称“七面分娘”，基诺族传说中主宰造人和掌管命运的神。据说，人的命运就是“丕嫫”女神造人时用黑炭在人额头和手心上画的纹路。她居住在“苔洛蒙莫”，那里是基诺族神灵居住的地方，也有传说是“丕嫫”女神造人的地方，有“丕嫫”女神的寨子——“丕嫫卓米”。有时，基诺族妇女会请高级祭师白腊泡，向“丕嫫卓米”的女神祈求孩子的名字，保佑孩子将来幸福。

贝神：以海贝壳为象征物，能化身贝壳到人间寻找与其结合的人，传达神的意志，代言人是白腊泡。基诺族信奉的贝神主要 3 个：雷贝神、谷贝神和山贝神。雷贝神主管人的命运，也有认为就是“丕嫫”女神。谷贝神主管农耕活动相关事宜，山贝神是主管野兽和狩猎的女神。

箐神：主管箐中狩猎活动的神。据说，箐神的出现与古老的“巴什”情人有关。由于同一氏族的兄弟姐妹常年生活在一起，接触较多，感情深厚，但基诺族禁止氏族内婚，酿成了很多恋爱悲剧。这些恋人有的先后殉情，有的躲进深山老林里同居。其中，有一对“巴什”兄妹逃到深山后，“巴什”妹住在箐的上游，“巴什”哥住在箐的下游，俩人经常幽会。不久，“巴什”妹郁郁而终，“巴什”哥到箐中打猎时想起昔日的美好情景，就在他们幽会的地方祭拜“巴什”妹。后来，“巴什”妹变成了箐神，经常帮助“巴什”哥满载而归。日子久了，这种祭拜逐渐形成一种风俗，人们一旦到箐中狩猎，必定祭拜箐神，祈求多多获取猎物。

寨神：保佑村寨平安的神，大鼓是其象征物。基诺族将祖先玛黑、玛妞得以生存的大鼓看成是村寨的象征，平时供奉在“卓巴”、“卓生”家里。每逢节日庆典、大的祭祀活动，村寨的人们先要祭鼓、祭寨神。

铁匠神：基诺族认为铁匠也能通神，尊奉铁匠为神灵。“铁匠神”无所不在，无所不能，但人们更多祈求他保佑健康。“铁匠神”只由铁匠所供奉，具体是铁锤、火钳和火铲等物。这种供奉是世袭的，即使子孙不再打铁也要继续供奉。

雷神：基诺族认为但凡房屋、大树、人畜被雷电击倒，都是雷神在发威，对人类进行惩罚和警示。人们习惯在发生雷击的地方祭祀雷神，杀猪、杀鸡，放祭品，以求雷神保佑平安，不要发生类似的雷击事件。

树神：基诺族世代砍树开荒，与树木有着水乳交融的情谊。据传，有一次基诺人砍倒大片的林木，第二天奇迹出现了，砍倒的林木竟然

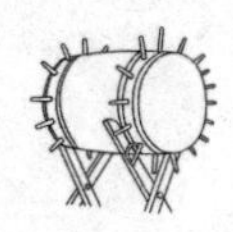

全部站立起来，如同从未被砍过一样。人们质问树神："为什么会出现这样的情况？如果不砍树种谷，哪里会有粮食？"树神回答说："他们是我的子孙，我不想饿死你们，但是同样不想断子绝孙啊！"人们明白了树神的意思，不再乱砍滥伐，并在每年开荒种地之前，杀狗祭祀树神。

还有一些如山神、水神、茶神等，他们各司其职，直接影响着基诺社会的各个方面，人们虔诚祭拜，祈求平安如意。

二、驱赶恶鬼

在基诺族社会里，人和鬼之间的关系有经典故事《人鬼分家》，故事里这样描写道：

> 从前，人和鬼没有分开的时候，人死后变成了鬼还会回家来吃饭。但是他们已经脱离了肉身，所以只吃饭、睡觉，不干活。有老两口，他们的儿子死后照常回家里吃饭，他不仅什么都不做，而且胃口很大。两位老人拼命地耕种，可是家里的粮食还是供应不上。一天，母亲给了儿子一包姜，告诉儿子说："家里真没有什么可以吃的了，今晚就吃这包姜吧，若吃得完，回来继续养着你，若吃不完，就不要再回来了。"儿子吃啊吃，这姜既辣又呛，没吃完已经泪流满面，就找到父亲。父亲给了儿子由篾笆编成的六角形"达溜"，告诉他说："你如果能把这个东西上面的洞数清，就可以回家来，数不清就不要回来了。"儿子拿起"达溜"，怎么数也数不清。于是，他不再回家吃饭，改成向村子里其他人家讨饭吃。时间久了，村寨中很多的鬼这样，人们便在一起商讨对策，想出了一个办法。他们杀了鸡，杀了猪，并把村寨中所有的鬼

都集中起来，对他们说："今天，你们痛痛快快地饱食一顿，吃过后以村寨边的两块石头为界，石头不烂不准回来。若是硬回来，就惩罚你们吃姜和数'达溜'。"从此以后，基诺村寨中的人和鬼才分开。

如《人鬼分家》的故事中所讲述的那样，在基诺社会中，姜和"达溜"是驱鬼辟邪的常用物品。人们在播种前要先栽姜，姜栽好了才正式播种。人们上山、生病、盖房都要用姜。平时，人们会将"达溜"挂在身上或家门口。不同的"达溜"样式不同，山路口祭祀要用1个眼儿的"达溜"，家中祭祀要用7个眼儿或9个眼儿的"达溜"，重大祭祀时要用大"达溜"，有数不清的眼儿。还有一些物品能够起到驱鬼的作用，如涂抹狗血、鸡血，供奉铁锤、火钳，佩戴或使用金银铜铁及各种竹制刀枪等。

基诺社会里的鬼有好有坏，好的鬼魂，如祖先魂灵能够保佑家宅兴旺，而人们驱赶的是带来厄运疾病的恶鬼。恶鬼的种类很多，有火鬼、血藤鬼、大青树鬼、石头鬼等。驱赶鬼的过程主要体现了人们与鬼的妥协和争斗，如驱石头鬼，让病人家属去找病人曾经动过的石头，将其复位后再献上美食。驱火鬼，是在发生火灾当天，人们做一顶轿子，由竹篾、芭蕉皮构成，用猪血涂红，贴上猪毛、鸡毛，里面放几截火灾烧剩的木头。人们围成一圈，由"卓巴"念经后，四个人将轿子抬到村寨东南方，人们又喊又叫，将火鬼驱赶出去。驱恶鬼，先杀一头猪祭祀社神，祈求他守好村庄各个路口，不让恶鬼进寨。然后全寨男人在房屋内外挥舞木刀、木枪，做驱赶动作。然后做一顶篾制的轿子，里面装好泥塑的牛、猪、狗、羊等，四周用芭蕉皮围住，抬到村外，放空枪，把恶鬼驱赶走。

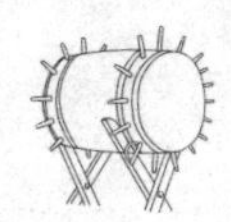

三、白腊泡与莫丕

在基诺族宗教信仰世界里，白腊泡和莫丕都是巫师，他们既有分工，也有合作。白腊泡是人神之间交流的高级祭师，也是基诺族最大的巫师。一个普通人成为白腊泡之前，会遇到一些离奇的事情。比如，他开辟生地时，在树丛中发现谷子；他打到猎物时，在猎物身上发现贝壳；他带着贝壳回家时，贝壳时而不见时而出现等。这些离奇的事情都表明，贝神选中了他作为自己的代言人，通过不断戏弄他，传递这些信息。若遇到这些事情，这个人不放在心上，那么家里的人就会大病一场，无药可治。这时，这个人要用病人的衣服包上一斤米、一些盐、一块姜和一个鸡蛋，绕上红线，请老白腊泡占卜，如果确定是贝神在有意试探他，那就要举行祭祀贝神的仪式。

祭祀贝神先要剽牛再举行蒙贝仪式，由老白腊泡主持。蒙贝仪式是成为白腊泡的重要过程：在供桌上摆放猪肉、鸡肉、牛肉等祭品，摆放一面装有清水和九个姜片的铓锣。老白腊泡头戴缝满贝壳的法帽，贝壳是白腊泡功力的标志，越是有资格的白腊泡帽子上的贝壳越多。身着一种叫作“吐拍”的特制法衣，这种法衣的腰间系有两块垂到膝盖的彩布，外面配有红色、黄色、白色的九条布，腰带缀满贝壳。随身挎着一个筒帕，这个筒帕不仅上方、下角都挂有花穗，而且在布的左右各绣有 3 颗竖行的贝壳，布的下方绣有 3 颗横行的贝壳。只见老白腊泡手里拿着纸扇，在厅堂之中，或者大声喝喊，或者轻声吟唱，直到看到铓锣的水里出现了两个贝壳。他马上把贝壳取出放到嘴里含着，并用扇子将铓锣盖好，过了一会儿，贝壳不动了，老白腊泡就将两个神贝用酸蜂腊黏结起来，成为一对，表示人与神成了亲。与神成亲的这个人从此就多了一个身份，是村寨中的白腊泡了。接下来的日子里，新白腊泡需要跟随老白腊泡学习一段时间，并从较简单的祭祀仪式开始，逐渐主持重大的祭祀活动。

白腊泡负责村寨中的重大祭祀仪式，平时为病人占卦，认定病源，预测吉凶。正式成为白腊泡后，要制作供祭贝神用的神龛。神龛高约30厘米，长约20厘米，由木头制成。龛外涂上各种颜色，挂着贝壳。龛内装有小酒壶，壶盖由芭蕉叶做成。龛下放着篾条，供占卜用。龛前供有长刀、镖杆和纸扇三件法器。纸扇是黑色的，扇尾有一对花穗。镖杆分公镖和母镖，公镖是白腊泡外出做仪式时用的，只有一面刀刃，母镖常年供奉在家，有两面刀刃。

基诺人认为直接能制服鬼怪，并将其驱除的并非白腊泡，而是莫丕巫师。莫丕才是人鬼之间抗争的直接使者，能解决人和鬼之间的纠纷，威力很大。普通的人成为莫丕同样要有一段离奇的经历，比如打猎时一枪能够打到两个猎物；比如梦见有人送筒帕或绕有黄、白线的绿色肉包等礼物给自己等。经过确认后，需要举行“内卜勒阿卜勒”仪式，与莫丕神结合才成为正式的莫丕。

“内卜勒阿卜勒”仪式由老莫丕主持，地点是新莫丕家的大厅之中。首先，要备好鸡、鸭、酒、米等祭品。其次，老莫丕头戴黑色帽子，帽顶中心的地方有一团以黄色为主的花穗，身穿黑色长袍，手里拿着一根上粗下细的木棒，念诵经文。再次，老莫丕将新莫丕即将供奉的神龛悬挂在竹楼左边最后一间家长住房的横梁上，并对着神龛敬酒撒米。最后，把“达溜”、笋叶壳、胖登树叶等专门能驱鬼辟邪的物件绑在一起，挂在楼梯上方右手的篱笆墙上，整个仪式结束。莫丕供奉的神龛，是一个由木板制成的小房子，房内放着装满见不到太阳的水的小葫芦，上面盖着用枯笋叶壳做成的锥形帽。神龛下放有小方桌，小方桌上常年摆放两杯酒，一旦家里杀鸡，必须换酒，上面盖着用芭蕉叶做成的锥形盖子。

白腊泡和莫丕帮助基诺人实现了人和神鬼的沟通，他们成为人世

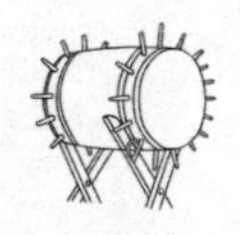

和灵魂世界的桥梁，帮助人们实现愿望、保佑健康平安，维持现世的秩序。任何一个民族的宗教信仰活动都和本民族的经济发展水平密切相关，随着基诺族的经济水平不断提高，大部分宗教仪式已经不再举行，即使在村寨中还能看到白腊泡和莫丕的身影，他们已经从神坛上走了下来，褪去了神秘的色彩。人们遇到疾病灾祸时，更加相信科学的解释和力量，而白腊泡和莫丕所代表的人神、人鬼相通，已经随着历史长河的流逝，渐行渐远。

第四章

基诺族人口状况

人口状况是一个民族发展水平的主要体现。对于基诺族人口发展的现状、特点进行研究，是掌握基诺族整体发展态势的重要内容。结合第六次全国人口普查的数据分析，不难发现基诺族人口整体增长趋势平稳，职业分布趋于广泛化和多元化。与此同时，在人口素质方面，基诺族社会呈现出正规教育受到重视，卫生环境得到明显改善的特点。

第一节　人口数量增长稳

直到新中国成立以前，基诺族社会一直处于原始社会末期的农村公社阶段，生产力水平低下，经济生活困难，人们抵御天灾人祸的能力极其有限。尤其在 20 世纪 40 年代，民族矛盾和社会矛盾日益激化，战乱频发，基诺山的经济陷入瘫痪，人们食不果腹，衣不蔽体，疟疾、天花等疾病肆意蔓延，这些导致基诺族人口迅速减少。新中国成立初，居住在基诺山的基诺族人口仅有 3000 人左右。

由于基诺族在 1979 年完成识别，以基诺族作为民族主体进行识别只经历了 1982 年以后的四次人口普查。这四次人口普查的数据分别为：1982 年第三次全国人口普查（以下简称为“三普”）时为 11 962

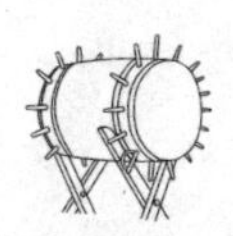

人，1990年第四次全国人口普查（以下简称为“四普”）时为18 022人，2000年第五次全国人口普查（以下简称为“五普”）时为20 899人。2010年第六次全国人口普查（以下简称为“六普”）数据显示，基诺族总人口为23 143人，其中，男性11 744人，占总人口的50.75%；女性11 399人，占总人口的49.25%；性别比为103.03，基本接近平衡。基诺族在几十年的发展中，从最初的几千人，增长到如今的2万多人，人口数量实现稳步增长。

同时，从以上数据中可以看到，“四普”时，基诺族人口增长了6055人，增长率为50.66%，远远超出当时云南省少数民族人口平均19.62%的增长率，基诺族成为云南省境内仅次于布依族、满族和蒙古族的人口增长速度较快的少数民族之一。此后，在“五普”与“六普”时，基诺族人口增长数分别为2877人、2244人，增长率为15.96%、10.74%，增长幅度有所下降，这与我国人口总体处于低生育水平发展阶段相一致。但是，与全国人口的增长率5.84%，云南省人口的增长率7.2%，云南省少数民族人口的增长率8.37%相比，基诺族人口仍然在持续稳步增长。

20世纪80年代后期开始，基诺族全面实施关于少数民族人口的计划生育政策。一方面，由于基诺族传统习惯法中“同姓不婚”的规定避免了近亲结合的可能，在一定程度上促成了人口的优生优育，在基诺族传统文化中，无形中产生了早期的优生观念，为计划生育政策的推行提供了可能性条件；另一方面，政府通过不断地摸索，在具体工作方式上也有所改变。1999年，基诺族乡调整了计划生育领导小组，改变了以往的工作模式。如增设计划生育宣传栏，对新婚夫妇和已经生育二胎的育龄妇女进行培训，使计划生育工作成效显著。当年，基诺族乡已婚育龄妇女2297人都采取了不同方式的避孕措施，领取独生子女证和采取各种节育措施的人数占83.3%，当年出生人口中，一胎、二胎的比例达85.5%。[①] 而“树不修剪枝杈多，不计划生育娃娃多”，“仔多的母猪瘦，儿多的父母苦”等也成为基诺族新时期的民间谚语。

同时，经济的迅速发展，使更多的基诺族妇女走出家门，积极地投入到生产活动当中。人们充分认识到养育过多的子女对家庭财富的积累不利，在对子女数量的要求上也发生了改变。进入21世纪，基诺山交通便利、信息发达，越来越多的基诺人走出基诺山，越来越多的城里人走进基诺山。无论是走出去的人，还是走进来的人，他们所描述的世界带给基诺人无限憧憬，电视、网络等媒体资源所分享的现代信息，使外来文化与基诺族的传统文化相互交流、碰撞，人们开始关注并追求生活的品质。这些情况无形中对基诺人的生育观念也产生了影响。值得一提的是，如今的基诺族不再与世隔绝，已经融入了全球化、现代化的大潮之中，更倾向于接受主流文化所倡导的生活方式。如果说，20世纪90年代后，基诺族人口增长的缓慢主要是国家政策执行的结果，那么，进入21世纪以后，基诺族人口增长幅度的下降更多来自于经济发展、文化进步等多种因素的影响。

2010年，基诺族在全国的31个省、自治区、直辖市中均有分布，主要聚居在云南省，共22 759人，占基诺族总人口的98.34%；另外，基诺族人口在四川、重庆、广东、河北、江苏、上海、浙江、北京等省、直辖市分布较多，其中四川省达到54人，其他几个省、直辖市的人数均在20人以上。在基诺族人口中，城市人口有3638人，占总人口的15.72%；城镇人口1608人，占总人口的6.95%；乡村人口17 897人，占总人口的77.33%。与十年前相比，城镇人口比重增加了5.7%，乡村人口比重减少了5.86%。现代化发展过程中，城市人口增加，乡村人口减少是必然趋势，有越来越多的基诺人选择到城市中生活，基诺族人口分布的社会结构正在逐渐发生改变。

① 宋伯平．基诺族执行人口国策成绩显著．中国少数民族人口．1993（3）：17.

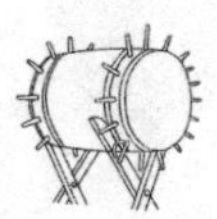

根据“六普”的数据信息显示，基诺族各年龄段的人口规模及比例分别为：少年儿童人口（0～14 岁）为 4811 人，比重为 20.79%；劳动年龄人口（15～60 岁）为 16 071 人，比重为 69.44%；老年人口（60 岁及以上）为 2261 人，比重为 9.77%；65 岁及以上人口为 1435 人，比重为 6.2%；80 岁及以上的高龄老人有 286 人，相比十年前的 126 人，增长了 3 倍；青壮年劳动力（30～50 岁）为 7744 人，比重为 33.46%。

与十年前相比，少年儿童人口比重下降了 8.08 个百分点，劳动年龄人口和老年人口分别增加了 3.55 和 4.53 个百分点。2010 年，云南省少数民族 0～14 岁人口数量比“五普”时下降了 13.37%，整体呈现负增长趋势；云南省 60 岁及以上人口数量超过了总人口的 10%，65 岁及以上人口数量超过了总人口的 7%，按照国际标准，已经进入到老龄化社会。但云南省少数民族人口中，65 岁及以上人口比重为 6.54%，比全省平均水平低 1.09 个百分点，少数民族人口以少年、青壮年人口为主体，年龄结构更趋年轻化，老龄化程度低于全省水平。基诺族与云南省少数民族整体发展趋势基本一致。

根据“六普”的相关数据分析，2010 年，我国 0～14 岁人口仅占 16.60%，比 2000 年人口普查下降 6.29 个百分点。60 岁及以上人口占 13.26%，比 2000 年人口普查上升 2.93 个百分点；其中，65 岁及以上人口占 8.87%，比 2000 年人口普查上升 1.91 个百分点。这意味着我们国家人口年龄结构严重失衡，已经进入到少子化[①]社会和老龄化[②]社会。少子化和老龄化是人类社会发展进程中的一个阶段，其影响

① 通常人们判断少子化的标准是 0～14 岁人口占总人口的比例在 15%以下，为超少子化；15%～18%，为严重少子化；18%～20%，为少子化；20%～23%，为正常；23%～30%，为多子化；30%～40%，为严重多子化；40%以上，为超多子化。

② 国际上通常把 60 岁及以上的人口占总人口比例达到 10%，或 65 岁及以上人口占总人口的比重达到 7%，作为国家或地区进入老龄化社会的标准。

有利有弊，但对于今天的中国社会来说，两种情况同时出现，对中国的劳动力就业、社会保障、老年人养老、资源分配等众多方面造成巨大冲击，情况相对复杂。与全国数据相比，基诺族少儿生育率正常，没有进入少子化阶段。65岁及以上老年人人口占到6.2%，接近老龄化社会临界值而没有进入到老龄化社会。基诺族人口年龄结构分布合理，人口增长呈现良性发展趋势。

第二节　职业分布广泛化

据2010年“六普”数据显示：基诺族从业人口中，从事第一产业的占82.47%，从事第二产业的占2.64%，从事第三产业的占14.9%。具体分布除农林牧渔业之外，在采矿业，制造业，电力燃气及水的生产供应业，建筑业，交通运输、仓储及邮政业，信息传输、计算机服务和软件业，批发零售业，住宿餐饮业，金融业，房地产业，租赁和商务服务业，科学研究、技术服务和地质勘查业，水利、环境和公共设施管理业，居民服务和其他服务业，教育业，卫生、社会保障和社会福利业，文化、体育和娱乐业，公共管理和社会组织中都有所分布。其中，人数相对较多的行业有：教育业人数比重为3.16%，公共管理和社会组织人数比重为2.77%，批发零售业人数比重为2.7%。

劳动者在第一、二、三产业的分布情况是衡量一个国家或社会发展水平的重要标准，一般一个国家或地区的社会劳动者会在不同的产业间进行转移，也就是不同的产业结构人数不是固定的静止状态，而是以动态形式呈现出来。正常的产业结构发展趋势是劳动者不断从第一产业向第二产业、第三产业转移。基诺族劳动人员从过去集中在第一产业，到今天在第二产业、第三产业均有分布，这种发展趋势是正常的，而这种产业结构的改善将逐渐影响到基诺族社会经济的发展。

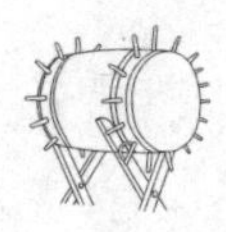

据2010年“六普”数据显示，基诺族职业分布情况如下：从事脑力劳动工作的占全部从业人口的比例为8.77%，从事城市体力劳动的比率为8.83%，从事农村体力劳动的比率为82.4%。具体来讲，担任国家机关、党群组织、企事业单位负责人占从业人口的比率为0.86%，担任技术工作的占5.08%，办事员及有关人员占2.83%，商业、服务业人员的比例为6.46%，从事生产、运输设备操作工作的占2.37%，从事农林牧渔工作的占82.40%。

随着科学技术水平的提高，生产能力不断增强，职业结构的分布必然发生改变。基诺族社会中，过去以清一色的农民群体为主的单一式职业结构，由现在的农民、乡村管理者、企事业职工、商人、服务员等多种职业群体构成了一种复合式职业结构，农民不再是村子里所有人职业的总称，尽管这种职业结构还带有农业社会的特色，但是这种状况已经发生改变，人们不再拘泥于一种职业，而是有更多的选择。这种变化说明基诺社会正在向一个更高层次的水平发展。

还有一些学者在研究中发现：基诺族的青少年已经不再将传统的山地农业作为长大后的唯一选择，在所调查的数据中，仅有1.34%的小学生长大后想当农民。[①] 而更多的青少年希望长大后从事教师、军人、医生、工人等职业。如在对224名中小学生的调查中，21.17%的学生想当教师；11.7%的学生想当解放军；9.46%的学生想当医生；6.31%的学生想当工人。[②] 其他的学生有的想当科学家，有的想当航海家……青少年代表着基诺族的未来，青少年对未来职业的规划和设想表明，和传统的基诺族职业构成相比，基诺人至少在意识形态范围内已经发生了明显的变化，基诺族的职业分布将越来越广泛化、多元化。

---

① 韩忠太，彭多毅．汉文化对基诺族青少年心理的影响．云南社会科学，1999（6）：76.

② 韩忠太，彭多毅．汉文化对基诺族青少年心理的影响．云南社会科学，1999（6）：76.

第三节　正规教育受重视

基诺族没有自己的文字，以刻木记事、传唱歌谣、宗教祭祀等方式，传递着民族发展的历史信息和社会生产生活的成功经验。新中国成立以前的基诺族社会里，教育的场所以家庭为主，村社集体教育为辅。在家庭中，孩子们跟随着父母学习生产技能、生活常识、传统习惯、道德伦理，熟悉基诺社会的运作程序，在逐渐的成长中，锻炼生存能力，形成正确的人生观、价值观，逐渐融入社会当中。在村寨的日常活动中，孩子们通过加入集体组织，参加集体活动，熟悉基诺族这个大家庭的特点，建立强烈的集体观念，把个人荣辱与本民族的兴衰联系起来，延续基诺族的民族生命。

新中国成立以后，基诺族的基础教育和中等教育分别得以建立，并有一定发展。1956 年，巴亚寨、巴卡寨、巴来寨先后成立了小学，有 170 多名基诺族儿童走进学校，接受正规教育，他们成为基诺族的第一代学生。1958 年底，基诺山有学校 5 所，教师 10 人，学生 400 余人，做到每一个村公所都有一所小学。[①] 各个学校按照德、智、体、美、劳全面发展的要求，组织教学工作，设有语文、算术、政治、历史、地理等科目，值得一提的是，为了结合基诺族实际情况，提高教学质量，组织专人编写了油印本的《汉语和基诺语词汇对照》，作为学生学习基诺族民族语言、开展“双语”教学的工具书。[②] 1962 年，基诺族第一届高小毕业生共 19 人，他们中有 10 人考上景洪中学，2 人到基诺区工作，1 人参加中国人民解放军。到了 1965 年，是基诺族办学的第一个十年，基诺族教育事业得到初步发展，全区共创立公办小学

① 《基诺族简史》编写组．基诺族简史．北京：民族出版社，2008：102.

② 《基诺族简史》编写组．基诺族简史．北京：民族出版社，2008：102.

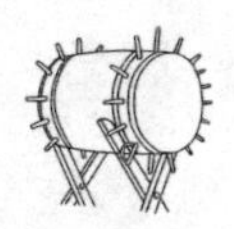

11 所，民办小学 2 所，教师共有 34 人，学生有 900 多人。已经毕业的高小生有 4 届，共计 140 多人。这些人成为基诺族的第一代知识分子，在边疆的各项事业中发挥了重要的作用。① 然而，1966 年开始的“文化大革命”使基诺族地区的教育事业同全国其他地区一样，遭受了重大挫折。

改革开放以后，基诺族的教育事业再次迎来春天。1982 年，基诺族地区 40 多个村寨办起了小学，适龄儿童入学率达到 87%。同时，基诺洛克公社中心中学正式建成。据统计，1959～1982 年，基诺区共培养小学毕业生 2039 人，高中毕业生 53 人，中专及以上毕业生 70 人。到 1987 年，基诺族乡成为西双版纳州最早普及初等教育的少数民族乡，共有小学 43 所，其中全寄宿制民族小学 1 所，半寄宿制高小 2 所，初级中学 1 所。在校的小学生有 1893 人，在校中学生有 524 人。

进入 20 世纪 90 年代以后，国家和地方政府加大对基诺山教育事业的投入力度，基诺族人民也在人力、物力、财力上积极投入，使基诺族的教育环境得到明显改善，教育成果颇为显著。1996 年和 2000 年，基诺族分别通过普及六年义务教育、普及九年义务教育的验收。1997 年，基诺族乡的适龄儿童入学率达到 98.8%，并已经有了本民族的大学生。到 2011 年，基诺山乡乡属 3 个完小和 1 个教学点学前班的在校学生达 900 余名，适龄儿童入学率达 100%，巩固率达 100%。

据 2010 年“六普”数据统计，基诺族 6 岁及以上人口中，未上过学为 1911 人，小学教育 8616 人，初中教育 7162 人，高中教育 1973 人，大专教育 942 人，大学生为 390 人，研究生为 20 人。

基诺族 6 岁及以上人口共 21 014 人，受过小学以上（含小学）教育的为 19 103 人，占 90.9%；受过初中以上（含初中）教育为 10 478 人，占 49.86%；受过高中以上（含高中）教育为 3325 人，占

① 刘怡，白忠明．基诺族文化大观．昆明：云南民族出版社，1999：250.

15.82%；受过大专以上（含大专）教育的为1352人，占6.43%。这些数据与十年前"五普"情况相比，均有不同程度的增长。"六普"数据显示，基诺族平均受教育年数为7.77年，比十年前"五普"时的6.28年增加了1.49年。需要注意的是，"五普"时，大学生人数仅为58人，研究生人数仅为2人；到"六普"时，大学生达到390人，研究生达到20人。尽管横向分析，大学及以上学历只有410人，占人口总数的1.77%；但纵向比较，大学生、研究生的数量都在呈倍数增长，基诺族已经有越来越多的人接受了高等教育。这些数据充分说明，基诺族人口文化程度提高较快，社会整体受教育水平逐年提高，高层次人才比例增加明显，民族精英队伍越来越壮大。

除了积极推动正规学校教学的发展外，基诺族还注重成人教育和职业教育的发展。基诺族早期的成人教育是和"扫盲"运动结合在一起的。1957年，基诺山的群众就积极开展学习文化运动，据《攸乐山生产文化站曼雅（亚）乡两年来的工作情况与1957年生产工作意见》中介绍，当时"参加学习的青年有205人，能识字50个以上"[①]。基诺山村寨先后成立了7个文化室与扫盲班、4个业余初小班、3个业余高小班，提高基诺族成年人的文化水平。改革开放以后，随着基诺族整体文化水平的提高，人们积极接受科技培训，国家及地方政府的政策得到有效的落实和贯彻，这些都得益于基诺族成人教育的开展。同时，基诺族积极开展职业教育，在正规学校教育中，初中一年级就开设了电脑、茶叶种植、橡胶种植、养殖等课程，提前普及科学技术，一方面丰富中学生的知识体系，一方面学与用相结合，将所学知识应用到实际的生活中，实现基诺族素质的整体提高。

人口素质的提高与人口数量的增加，对于一个民族的发展来说，具有同样的重要意义。而人口素质提高的重要表现之一就是整体民族

① 《基诺族简史》编写组．基诺族简史．北京：民族出版社，2008：106.

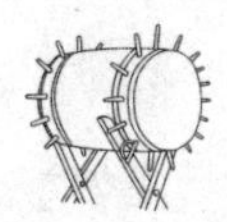

教育范围的普及、教育年限的延长和教育质量的提升。基诺族经过半个世纪的发展，教育事业从无到有，从传统家庭教育、村社集体教育为主到正规学校教育、职业技术教育普及，尽管经历了艰辛的发展历程，却取得了令人瞩目的成果。

第四节　卫生事业快发展

新中国成立以前，基诺山烟瘴盛行、民生凋敝，生活条件异常艰苦，生存环境十分恶劣，各种疾病蔓延流窜，人的生命随时受到各种疾病的威胁。据相关数据显示，19 世纪初期和中期，基诺山巴亚寨曾经两次流行天花和麻疹，人口从 800 多人减少到 500 多人；19 世纪 40 年代的扎吕村，也曾经因为天花流行，死亡 30 多人。人们对于大自然的认识十分有限，对生老病死、灾祸疾病等现象无法进行预测，更无法进行干预，人们把这些现象的产生归因为超自然的鬼神作怪，大藤树鬼会令人头发脱落，身体浮肿；血藤鬼会令人浑身疼痛，行动困难；花鬼会令人全身颤抖、不省人事；水鬼会令人皮肤发黄、脸色黑暗……于是，基诺族巫、医不分，人们生病了主要依靠巫师和草医来进行治疗。

过去基诺族人民十分信任巫师。巫师可以祭神送鬼，一旦有人生病，而使用草药毫无效果时，就会考虑是否被鬼夺去了魂魄。于是，先要请求白腊泡卜卦，认定是病人招惹了哪种鬼，再进行祭祀仪式送鬼。如果病人病情仍不见好转，则要请莫丕举行叫魂仪式，鬼的种类不同，仪式也不同，小病杀鸡，大病宰牛。巫师在这一过程中，会结合长期积累的救治经验，根据病人的情况适当地使用一些对症的草药，如用麻梨噶叶、红糖和胡椒煨水可以止住腹泻；将野八角嚼碎敷在肚子上可以止住肚子疼……虽然有一定效果，但是也有很多人因为缺乏基本的卫生常识，而耽误治疗时间，白白送了性命。

在基诺社会里，还有一种能治病救人的草医。基诺语称其为“耐科”，他们会按照祖辈传下来的对各种植物属性的了解配制草药，治病救人。基诺族的草医最为拿手的是骨伤科。俗话说“伤筋动骨一百天”，通常人们认为如果伤到骨头需要养上一百天才可能完全复原，但是基诺族的草医治疗粉碎性骨折不到一百天就可以使病人康复，这是基诺族医药发展中经过数代草医的艰苦探索，结合基诺山区草药的特点，在治疗上的重大突破。但是在民间，草医还被称为“鬼窟”，基诺人认为草医会放鬼。他们能够治好人们的各种疾病，是因为和鬼勾结，在病人身上放鬼才会收鬼。那些久病不愈或离奇得了怪病的人，通常是被放了鬼所导致的。所以，最初的基诺社会并不是完全接受草医，草医有时会受到不白之冤，轻则被众人孤立，重则被人打死，草医家人也会受到无辜牵连。随着时间的推移，基诺人开始逐渐接受先进的知识，对草药、草医的认识有所改变，草医才在基诺社会中享有一定的地位。

新中国成立后，基诺族的医疗卫生事业逐步发展。1954 年，第一批民族工作队到基诺山视察情况时，配备了医疗卫生人员，到沿途所在的各村寨中治病防病，宣传医疗卫生知识，受到基诺族人民的普遍欢迎，这样一来，为先进的医疗队伍、医药设备进入基诺山打下了基础。1957 年，基诺山建起了卫生所，州政府先后派去了 3 名医务人员。这些医务人员在基诺山巡回医疗，为各村寨培训卫生员和接生员，并积极地发展和培养基诺族的民间草医。① 1965 年，基诺山有了自己民族的医生，各村寨开始设有初级卫生员，初步建立起医疗卫生网点。进入 70 年代，基诺山建立并发展了合作医疗卫生事业，各行政村都有自己的合作医疗室和赤脚医生，医疗条件大大改善，医疗卫生事业进

① 刘怡，白忠明．基诺族文化大观．昆明：云南民族出版社，1999：254.

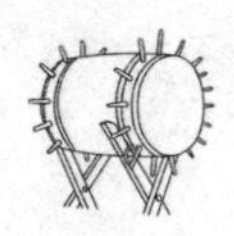

入新的发展阶段。

改革开放以来，基诺族的医疗卫生事业发展受到国家和各级政府的关注，不断加大资金投入力度。20世纪80年代，基诺乡盖起了钢混结构的门诊大楼，设有中西医诊室、内科、外科、妇科等。1984年，门诊大楼发展成卫生院，医疗条件逐渐好转。1997年，基诺族乡卫生院门诊次数达1.21万人次，住院人数324人，治愈人数279人，治愈率达到86.11%。目前，基诺族乡卫生院开设了儿科、妇产科、牙科等科室，有全自动血球分析仪、制氧机、心电监护仪等多种设备。村卫生室7所，乡村医生14人。2011年，基诺族乡卫生院接待门诊和住院病人2.35万人次，比15年前增加了将近一倍。2012年，基诺族乡卫生院为全乡1.22万人建立了健康档案，80%以上的村民都有了电子健康档案。基诺族乡逐步配备比较先进的医疗设备，有效控制了基诺山历史上曾经发生过的恶性疾病和多发病，地方性常见病也得到及时有效的治疗，全乡农民已享受“小病不出村、一般常见病不出乡”的医疗服务。

基诺族民族医药的发展也备受重视。世代基诺人积累了丰富的医药知识和用药经验，其中药物有700多种，经常使用的有400～500多种，治疗方式有按摩疗法、火罐疗法、刮痧疗法、放血疗法等物理疗法、药物疗法和精神疗法。20世纪70年代，基诺族在相关部门的帮助下，利用当地资源建立了制药厂，制作了复方橄榄片、鸡血腾片等常用药剂和柴胡、板蓝根、当归等常用针剂。2001年，关于基诺族医药的专著——《基诺族医药》出版，这本书中共记录基诺族常用药319种，其中，植物药292种，动物药24种，矿物药3种，单验方251个。① 这些都极大地促进了基诺族特色民族医药事业的发展。

2008年，基诺族乡2969户，共计9971人参加新型农村合作医疗，

① 王志红等．基诺山上茶花香——基诺族医药简介．云南中医学院学报，2007(4)．

比 2007 年同期增加 112 人。2011 年，新农合报销医疗费达到 74.8 万元。2012 年基诺族乡新型农村合作医疗参合率达 98.1%，越来越多的基诺人享受到国家医疗服务政策的优惠，医疗保障覆盖人口逐步扩大，有病不用愁，不会出现看病难、看病贵，因为疾病而导致贫困，因为疾病又重新回到贫困状态的情况。基诺族人民和全国各地的人民一样，获得了基本卫生服务的保障，增强了抵御疾病风险的能力。经过几十年的不懈努力，基诺族传统的医疗环境已经发生根本改变，医疗卫生服务体系基本形成。尽管基诺族的医疗卫生事业还存在一定的问题和困难，但是已经取得了阶段性的胜利，在将来的发展中，基诺族将继续提高卫生技术水平，全面发展医疗卫生事业，增进人口的健康水平。

经过长达半个世纪的发展，基诺族的人口状况已经得到明显改善，尽管人口数量涨幅降低，但保持稳步增长；职业分布相对集中，但是多元化趋势已经出现；正规学校教育得到普及，人口素质有了很大的提高；医疗卫生环境彻底改变，人民的健康有了充分的保障。基诺族民族人口规模扩大、结构不断优化、素质大幅提高，有助于民族团结进步，社会繁荣稳定，为基诺族发展打下了坚实的人力和智力基础，揭开了基诺族人口发展的新篇章。

第五章

遗风遗俗的婚姻与家庭

永恒真挚的爱情是人类生活的主题，青年男女从相识、相知、相恋到进入婚姻、家庭生活，是人类世代绵延的主要线索。几乎每个人的命运都要经历这些过程，会享受到恋爱的牵绊和甜蜜，也会承受起家庭的责任和重担。基诺社会中的青年男女同样在经历恋爱的不同阶段后，走向婚姻的殿堂，组建家庭，生育子孙后代。

第一节　难忘的成年礼

基诺族有首古老的歌谣，这样唱道：

> 年龄到了13岁，要把成人的事来做。家中阿布及阿嫫，告诉我做人的道理。阿布把那铁匠打的弯刀，斗上黄竹编的刀柄，递到我手中；又将黄竹编的槟榔盒，送到我手上。阿嫫把她做的新筒帕，为我挎上肩……

基诺族传统习惯中，无论男女到了一定年龄，可能是十三四岁，可能是十五六岁，各村寨都有各自规定，他们都要接过长辈赠送的弯刀、槟榔盒、筒帕等，开始像成人一样参加劳动生产，正式成为村社的一分子，担负起对家庭、对村寨的责任。这样，从少年时代过渡到青年时代的过程，通过成年礼来实现。

基诺族每个村寨男子的成年礼都有着自己的特点，有的充满暴力，有的突然袭击；有的正式庄重，有的温馨愉快。它们以特有的方式完成了未婚青年男子身份的转变，开始享有个人恋爱的权利。成年礼成为每个基诺男子一生中最难忘的记忆。其中，最有特点的是札果寨男子的成年礼。

札果寨男子的成年礼通常在上新房仪式中举行，受礼的人数要为双数。上新房期间，“饶考”组织会事前确定可以举行成年礼的人选，并安排好特定人员，埋伏在受礼者玩耍的地方或回家的途中，出其不意地劫持受礼者。对于拒捕的人选，“饶考”组织成员可以用棍棒或石块相击，并不负任何责任。为了避免不必要的损伤，“饶考”首领会提前和受礼者父母沟通好，设计一个可行的骗局，诱使受礼者理所当然地被劫持到上新房仪式的现场。到达现场就座后，上新房人家的主人会给受礼者三包用芭蕉叶包好的祭肉：黄牛肉、鲜猪肉和酸肉渣。其中，酸肉渣是用野兽肉、鸡蛋、蚂蚁蛋、竹虫、螃蟹肉和凉饭混合制成。这三包祭肉在基诺传统社会中是贵重的祭品，也是款待贵客的上等食品，将他们送给受礼者表明对受礼者的祝福，暗示他将成为村寨的正式成员。同时，受礼者的母亲会将装有烟盒、槟榔盒的筒帕亲手挎在儿子的肩上。上新房的酒宴开始后，村寨长老们会带领大家唱传统民歌，传授基本的生产、生活经验，教育年青一代要遵守传统的社会习惯和道德规范。到了敬酒的环节，受礼者作为新的“饶考”成员，刚刚经历了紧张的一幕，往往不能像其他青年一样豪爽畅饮，于是会引起其他同伴的哄笑，持火把的人甚至会把火苗吹向他的脸，抬水筒的人会将清水洒到他的身上。上新房仪式结束后，受礼者回到家中后，

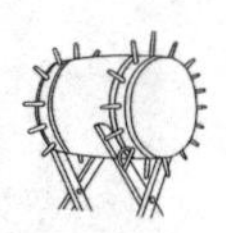

父母将准备好的礼物送给他，这些礼物可能是一套成人的劳动工具，也可能是一套成人的衣服和黑包头布。青年穿上成人的衣服，戴上黑色包头布，从此，正式成为基诺社会的一员。上新房仪式是祭祀祖先的仪式，也是全村寨人都会参加的重大事件，在基诺族社会中意义非凡。将成年礼放在上新房仪式期间进行，表明基诺族青少年成年的标志是得到人和神的共同承认，得到了全体村寨人的认可。

巴亚寨、巴洒寨男子的成年礼虽然也要劫持受礼者，进行突然袭击，但被抓捕后到达“饶考”组织的聚集地，宣布受礼者为“饶考”的正式一员，就完成了仪式，进行的时间相对较短。么卓寨男子的成年礼没有那么出其不意，而是青年男子到了一定年龄，自然而然地换上成年男子的服饰，佩戴母亲准备的筒帕，主动带上礼物要求加入“饶考”组织。

云南西双版纳基诺族姑娘　（王艺忠摄）

基诺族女子的成年礼仪式比较简单，但各个村寨仍然有所区别。如札果寨女子到了16岁，穿上母亲亲手准备的成年新装，就完成了成年礼。这种仪式在家庭里就可以完成，而且大部分基诺族女青年都采用这一仪式。还有一些有特色的，如么卓寨女青年到15岁时，会经历围围腰仪式完成成年礼。围围腰仪式，基诺语称为“蹈比次”，是基诺族青年女子从被动围上围腰，到主动围上围腰的过程。围腰由受礼者的母亲亲手缝制，长约3尺，宽约1.2尺，绣有花舟图案。最初，由“米考”组织成员把围腰缝在受礼者的裙子上。受礼者穿戴数日后，突然有一天，“米考”组织成员将受礼者的围腰撕下，并告诫说：“你已经是成年的米考了，今后要自己主动围上标志着成年女子的围腰!”从此，受礼者会按照习俗自行围围腰，并可以和同伴们去“尼高卓”玩耍，找到自己终生的伴侣。

成年礼过后，基诺族青年男女就到“尼高卓”活动。“尼高卓”，直接翻译过来是“坐玩房”，是青年男女聚会玩耍的场地。一般选择房屋较多、人口较少的人家。当然，主人要亲切和蔼，愿意将自己的竹楼作为“尼高卓”也是重要的前提。这种情况并不需要直接说明，“饶考”组织的成员只要派3个人，各抱一捆柴放在选中家庭的竹楼下，并帮着这家收拾院子、打扫房间，第二天晚上，这3个人再次到达所选中的家庭，清点一下昨天抱来柴的数量。如果减少，说明主人同意将自己家作为“尼高卓”；如果连续两天晚上，柴的数量都没有减少，说明主人不同意将自己家作为“尼高卓”，另选人家即可。尽管在“尼高卓”不准公开地谈情说爱，但是这些刚刚成年的青年男女可以通过眼神、表情、动作或者借助歌声、舞蹈、乐器来传递信息。在这里，青年男女们参加集体活动，接触不同的异性，寻找倾心的伴侣。每天晚上，姑娘们会悉心打扮一番，来到“尼高卓”纺线、织布，做针线活；小伙子们也会穿戴整洁，耳孔里插着鲜花，来到“尼高卓”修理劳动工具或者做些竹篾活。日子久了，哪个姑娘心灵手巧，性情温和；哪个小伙子正直勇敢，细心体贴，大家经过认真的观察，已经十分了解。最后，这些年轻的姑娘、小伙子们会各自选择出适合自己的、彼此中意的恋人。

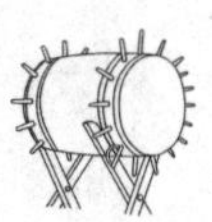

第二节　步入婚姻殿堂

一、恋爱三部曲

基诺族青年男女恋爱自由、平等，其过程大致经过三个阶段：初恋的“巴漂”阶段，热恋的“巴宝”阶段和共同居住的“巴里”阶段。

1. “巴漂”

基诺族有句成语叫“巴漂咪得约”，意思是“爱情是由两双含情的眼睛注视对方开始的”。“巴漂”阶段是基诺族青年男女恋爱的第一阶段，对自己中意的人表达爱慕之情，这种表达是秘密的，可以是深情脉脉注视，可以是寻找机会独处。小伙子可以给自己喜欢的姑娘送几朵鲜花，如果姑娘对小伙子也有好感，就会接受鲜花，否则会转身离去；姑娘则可以给自己喜欢的小伙子送一包槟榔，并乘机询问：“我这个穷姑娘的槟榔是用胖光叶代替的，你放得进口吗?”小伙子如若有意，会迅速把槟榔放进口中，回答道：“吃了你的槟榔不仅使我口红，连我的心也红了。嚼后的槟榔渣我不忍心吐在路上任人践踏，把它吐在路边的小树叶上了，这红色的印记几天之后还可看到，永世也难忘了。”比较有意思的是，如果两个人是在对歌过程中产生好感、彼此中意的，必须由姑娘先表露爱慕之情，小伙子不能先表白，只能被动地接受。

俗话说：“三口槟榔不算巴漂。”在爱情的最初阶段，青年男女不只是相互试探，简单地送送鲜花、槟榔，而且还要赠送其他的礼物。如女子可以将精心捆扎好的鲜花，悄悄地送给心仪的男子做耳饰；男子可以回赠女子精心打制的日常生活用具，或是草烟之类物品。

“巴漂”阶段中，恋人之间虽然接触不多，但感情格外浓厚，由于处于地下交往阶段，有时会遇到一些误会或挫折，这些无形的考验也促使相恋的人每日相见仍然思念，感情日趋浓烈。如同歌谣里唱的：

> 思念你的阿哥啊，天黑箐中点螃蟹，看到守箐的螃蟹成双对，就想到你我各一方；看到地边的“滴飘叶”，就怕我俩的感情也疏远。阿哥我像山头的百叶，终日不停团团地想，人说荆芥花的层层多，哪有阿哥我想你的次数多；傣族的花纹只刻在皮肉上，阿哥我把你刻印在心头上。

2. “巴宝”

基诺族青年男女的相恋由地下转为地上，开始在众人面前表露爱意，结伴劳动，动作亲昵，这便是热恋的“巴宝”阶段。这一时期，恋人间相互赠送的礼物会不断增多，借物表情。女方会赠送男子新鲜的瓜果，亲手准备的可口饭菜，或者精心缝制的绑腿布、筒帕等；男方会赠送汁多味甜的甘蔗、自己制作的竹刀把、竹筒，编制的饭盒、烟盒、槟榔盒等日用品。同时，每逢男子集中杀鸡、杀猪、杀牛或是狩猎到野兽，男子的母亲会用新鲜的芭蕉叶包起一块颜色、口感一流的好肉，让儿子送给自己的恋人。女子接收到男子母亲送来的礼肉，会把它当作最尊贵的礼物，送给全家人享用，女方家长知道此事后也会格外欢喜。

基诺族青年男女在恋爱时，充满了诗情画意，除了鲜花、槟榔之外，还有满山遍野的树叶，犹如传递信息的信件一样，帮助他们相互倾吐心意。树叶信的用途很多，可以帮助年轻人约会，如晚饭过后，青年男女会在村寨中固定的地点留下一片或几片树叶，通知恋人约会的时间、地点，恋人看过后会准时赴约。树叶信也可以暗含深意，不同的树叶捆编方式不同，寓意也不同。如扫把苗叶表示两人情深似海，

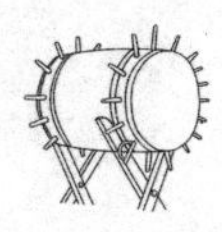

即使没在一起，也心意相通；娇苗花成对扎起，表示两人要成双；香茅草用头发和红线扎成耳环，表示对恋人一往情深；滴飘叶叶子稀疏，表示两人关系要疏远。经过“巴宝”阶段的相处，两个人的感情与日俱增，彼此十分满意，就可以进入到“巴里”阶段。

3.“巴里”

“巴里”是指恋人们居住在一起，是基诺族青年男女相恋的高级阶段。一般女子在同意男子的要求后，会在“尼高卓”玩耍时，做一些暗示性动作邀请男子到家里。这些动作，可能是悄悄踩下男子的脚背，也可能是将手不经意间搭在男子的肩膀上，男子得到这些信号后马上会意，并在女子走后跟着出去。女子会在走出一定距离后，等待追赶上来的男子，两人一起到达女方家后，在晒台上用竹筒里的清水洗脚，谈天说地。过了一会儿，女子将卧室的床褥铺好后，俩人一起同榻共眠。按照习惯，第二天天不亮时，男子就要离开。有些村寨中，为了避免出现“巴什”悲剧，女方的母亲有时会进来查看男子的身份，如果是本氏族的男子，或是母系亲属三代以内的亲戚，母亲就会连续几天大骂不止，直到这个男子不敢再来，两人中断了恋人关系。在基诺社会里，并不是所有村寨的恋人都在女方家共同居住，还有的住在村寨提供的公房里，有的露宿在空旷的场地上，有的在男女双方家里轮流居住。同时，处于“巴里”阶段的恋人们，会继续赠送礼物，

基诺族实物信语（编成三角形的扫帚叶）

（杨兴斌摄）

礼物的质量不断升级。如女方会送给男方大筒帕或绣花腰带等；男方会送给女方装有竹制口弦、银手镯之类的精致竹筒。

基诺族男女处于“巴里”的时间有长有短，短的可能十几天，长的可能两三年。“巴里”阶段后，很少出现感情破裂的情况，即使极为少数的一些恋人因为性格不合等原因分手了，大家也会觉得十分正常，双方家长、村寨长老都不会干预。出现这种状况的男女，可以重新寻找伴侣，不会受到其他人的排斥和歧视。如果经过“巴里”阶段，两个人的感情有增无减，相互十分笃定彼此是自己终身的伴侣，并愿意结为夫妇。男子可以不再选择悄然离去，而是在早上光明正大地给女子家做一些家务，如背水、扫地、煮饭等，这是以实际行动向女子的父母和村寨里的人们表明心迹，他马上就要和这家的女子结为夫妻了。

随着社会的变迁发展，如今的基诺族青年，热恋时很少出现共同居住的现象，“巴里”已经成为了历史。

二、婚礼进行时

当你看到几个青年小伙子，站在竹楼上或道路两旁，端着一盆盆的脏水，不留情面地泼到新娘身上。新娘全身湿淋淋，偶尔还夹杂着刺鼻的气味，她没有愤怒没有反抗，仍然继续前行，……这是正在进行的基诺族婚礼中的泼污水仪式。

基诺族的婚礼仪式庄重古朴，而又别具风格。首先，要选定婚礼日期。男方家会请村寨中的巫师选择具体的日子，比如要选在上半月，避开双方忌讳的日子，避开逢七逢九的日子等，将大致选好的日期同女方家父母及舅舅进行商议，双方一致通过后才可以举行婚礼。

结婚当天，男方家杀猪、杀鸡准备酒宴，还要把猪肉、蔬菜等送给女方家一半，用于女方家招待亲朋好友。一些村寨里，有新娘“出走”的习俗，即避开众人，躲到亲戚或朋友家里。太阳落山之前，新

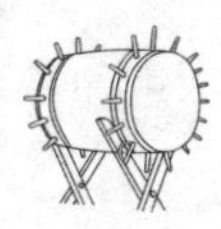

郎在父母的陪同下带上礼物接亲，包括给新娘母亲的“喂奶费”（即抚养费）和给新娘舅舅的“接人费”。新娘的舅舅或兄长负责将新娘找回，新娘双手捂着脸，哭泣着，倾诉与家人的难舍难分。然后，婚礼的歌手会唱起优美动听的《结婚歌》，而新娘在歌声的祝福中，在兄嫂、姐妹的陪伴下，仔细梳妆打扮，换上漂亮的嫁衣。

在去新郎家的路上，有些青年男子会向新娘泼洒污水。这些青年男子都是新娘亲密的伙伴，或是恋爱过，或是氏族内的兄妹，有一定的感情。新娘的婚礼，对于他们而言意味着从今以后新娘要和他们分离了，到丈夫家生活了。为了发泄不满或进行报复，给新娘留下终生难忘的记忆，他们举行泼污水仪式。由于这些污水是用于刷锅之类的剩水，气味特别难闻，有时会连累到新郎等其他接亲的人，有些村寨也换用淘米水或清水。

新娘到达新郎家之后，新郎的母亲在门口先要给新娘一个鸡蛋，拴上一根红线，同时在手腕上绕三圈。新郎要敬新娘一杯酒，并唱歌表情，告诉新娘今后要虚心向父母学习，孝顺父母。当新娘走进竹楼后，新郎的父亲要给她一只鸡脚，在手上拴上红线。客人们也纷纷送上礼物，给新娘拴上红线，对这对新人表示新婚的祝福，希望他们在未来的日子里能够相亲相爱，白头偕老。而且，在基诺族的传统观念中，拴红线的意义深远，它不仅表示拴住了人，拴住了心，还表示拴住了魂。

新郎家的酒宴热闹非凡，所有的亲朋好友和全寨的男女老少都来祝贺，他们吃饭喝酒，载歌载舞，真心地祝福这对新人幸福美满。人们围着火焰，敲响太阳鼓，跳着豪爽奔放的“太阳”鼓舞，畅饮声、歌唱声、欢笑声融合在一起，通宵达旦。到了新婚第二天，新娘要准备好洗脸水，端给公婆洗脸，正式称公公婆婆为阿爹阿妈，并沏好茶水、煮好鸡蛋，请公公婆婆喝茶、吃鸡蛋。当天晚上，新婚夫妇还要带着酒、肉回到新娘家里，亲自招待亲友。

基诺族青年从不谙世事的孩子逐渐长大成人，成为劳动生产的主力，家庭生活的支柱，村寨社会的中坚力量。从此，每个人开始真正地体验人生百味，真切地认知现实社会，深刻地领悟生命真谛，或是欢笑，或是痛苦，跌跌撞撞，走完一生。正是这样，一代一代的基诺人不断繁衍生息，基诺社会得以绵延发展。

第三节　家庭结构与变迁

家庭是人类生活的重要场所，是社会群体的最基本形式。家庭结构的变化，是社会发展的缩影。家庭中内部关系的处理原则，是社会关系网络的最本真形态。家庭的建立和终结，和每个人的命运息息相关。由于受到社会环境、经济政策、文化碰撞等多方面因素的影响，基诺族的家庭结构，实现了从最初的传统父系大家庭到现代社会独立小家庭的变迁。而在基诺族的家庭内部结构上，夫妻分工明确，无论是生产劳动还是教育子女上，每个人的角色都有清晰的定位。在基诺族家庭的生命历程中，婴儿到来、老人离去、婚姻的开始或破裂，家庭或被注入鲜活的血液，或被剥离构成的支柱，延续或是终结。

一、父系大家庭

基诺族的父系大家庭是父辈和已经结婚的儿孙们共同住在一起，有的几十人，有的上百人。大家庭中，父亲是家长，掌管着家里的一切大事小情，在村寨社会中地位很高。他对内负责家庭的生产生活安排，对外代表家庭作出决定或维护家庭利益。基诺族父系大家庭本身还有一个变化的过程。

最早的父系大家庭，特点突出：同住、同吃、同工、均分。在这样的一个大家庭中，人们共同居住在一个大竹楼之内，房屋、仓库及各种基本生活设施全部归集体共有，男女老幼和睦相处，日常生活井

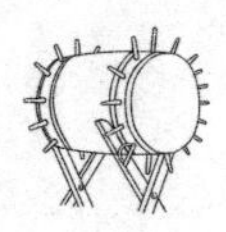

然有序。家长会安排好生活、生产劳动的具体分工。生活中，家里的妇女会按照一定的顺序分工或者按照时间循环分工，年轻的妇女会承担相对较多的家务，如砍柴、背水、采野菜、做饭等；上了年纪的妇女会做一些辅助性工作，如照看孩子、编织竹器、收拾屋子等。家庭里有几个火塘，可以分别同时煮饭、煮菜。吃饭时，整个家庭成员聚到一起，一同进餐，平时粗茶淡饭均分即可，若是猎到大兽，家庭会准备丰盛的佳肴美酒，成年男女会在一起享受美食、痛快畅饮，老人和孩子会受到格外的照顾，分到相对多一些的美味。生产中，全部的使用工具公有，如生产中使用的镰刀、弯刀等，狩猎时使用的弓弩、利箭等，每个人都无权单独占有，这些工具由大家长统一购置，按照劳动力的实际情况统一安排使用。家庭中的所有成员，共同在家庭集体所有的土地上耕作，所收获的劳动产品归集体共同消费。如粮食要统一放在粮仓之中，钱币要统一上交家长手中。

> 我们的祖先在杰卓山就是兄弟，我们的祖先从杰卓山来。我们就遵照爸爸妈妈的遗愿住在一起、永不分离，我们要世世代代居住在一起，一起劳动，一起吃饭。在一个大房子里的人都是兄弟，都是一家人，大家要共同劳动，大家都要勤劳，大家都要听家长的话。上山打到野兽，要分给大家一起吃，谁家种了棉花要纺成线给大家一起穿，谁家地里有了粮食，要分给大家一起吃，一个大房子里不能有人饿着。大房子是我们的大家庭……

这是对基诺族大家庭生活的真实写照。基诺族大家庭的存在与基诺族传统的家庭法则有着直接关系。在基诺族古老历史传说中，各个支系都是同一棵老树上的不同部分，或是枝干，或是枝杈，但是都强调同根同源。基诺人十分重视这份情谊，并将其演化成家庭生活中对大家庭的推崇，要求子孙后代在父母死前不许分家，住在一个大房子里。希望借此保证血缘关系的融合，兄弟关系的亲密，家庭财产的集中。这样不仅有利于整个家族的生存，更有利于家族实力的凝聚和增强。因此，基诺传统社会中，不论家中有多少个兄弟，只要父母还在，人们就不分家。随着生产工具的进步和生活水平的提高，大家庭最初形态中完全的共同生活、共同劳动、共同消费，土地财产全部共有，这些与子孙辈小家庭的实际生活愿望发生了矛盾，但祖宗的规矩规定一个祖先的后代不能分家，于是，“大房子”或者叫作“长房”的家庭形态出现了，成为父系大家庭的一种新形式。

在“长房”里，每个家庭有各自的火塘。生活中，以前纯粹的共食制不见了，每个小家庭的妇女会准备自己家的饭菜，或者即使是共同做好的饭菜，各个小家庭也会单独围在一张桌子上，按照所需数量取来食用。对于普通的蔬菜，如果不合口味可以根据实际情况，单独煮熟；对于兽肉之类，才要按照人头平均分配。生产生活劳动中，并不是所有的事情都以小家庭为单位，大家庭也保留了一部分原始的习惯。比如家庭成员仍然同时下地劳动，男子负责种地、狩猎等；女子负责做饭、背柴等。采野菜仍然是全家妇女共同负责，采集的野菜会集中放在一个地方供大家食用，过年过节或打到大兽时，全家要像以前一样聚到一起吃饭。家庭中除极少量的钱财外，仍然要上交家长。这些情况在各个村寨中的具体表现还有所差异。以巴卡寨的“长房”为例，生活中，各个小家庭有各自的水桶、柴火等，吃什么可以自己单独烹煮。只有在吃肉的时候，必须均分，尤其在获得猎物或杀猪的时候，小家庭只能留下很少的一份，其他要和大家平均分配。生产中，以大家庭为单位在村寨中分得土地后，又会按照小家庭的数量划分出不同的块数。在具体耕地劳作时，大家共同劳动，耕地、烧荒、播种，

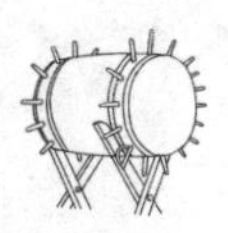

没有分别。到了秋天，每个小家庭只负责收获自己范围内的粮食，装入自己的小粮仓。但是一旦哪个小家庭遇到困难缺少粮食，其他的家庭必须伸出援助之手，都拿出一份粮食帮助他渡过难关。

二、现代小家庭

小家庭是一对夫妻和子女所组成的核心家庭，基诺族的小家庭是从大家庭中分解出来的。基诺族的传统规矩是父母健在，不许分家。但是一旦父亲离世，兄弟们就可以分家了。基诺人习惯把分家的时间定在秋收或播种前，这样相对公平一些，避免对于生产工具、播种粮食或收获粮食所引起的不必要纷争。正式分家时，要请村寨中的“卓巴”、“卓生”和各家的家长参加，举行分家仪式。仪式过程是将杀好的鸡煮熟后与米一起放在小桌上，全家人跪在小桌前祭奠死去的父亲，主要是分出去的儿子向父亲哭诉，祈求父亲的原谅，保佑家宅平安。然后，讨论粮食、牲畜、工具等物品的具体归属。传统基诺社会中，土地归村寨所有并不固定，按年限轮流使用，所以对于土地主要是分配使用权。最主要的粮食和牛按照全家人口平均分配，种子则按照所分得的粮食、耕地面积分配，生产工具归使用者所有。其他涉及的物品，由“卓巴”、“卓生”及各家家长根据基诺族的传统习惯进行具体的分派。分家时，还要给分出去的家庭建筑房屋，这时全村寨的人都会主动前来帮忙，以帮助分出去的家庭有立足之地。

20世纪50年代以后，基诺族大多数的家庭结构都是小家庭模式，以小家庭为单位进行生活生产，有相对独立的生活，有相对独立的生产，进行耕作、收获。但是还有一些家庭维持了“长房”模式，即使小家庭经济实现独立，仍然居住在一起，遵守着祖宗订立的“父母在、不分家”的规矩。60年代以后，“长房”逐步解体，出现了越来越多一个家庭居住的房子，小家庭无论在本质还是在形式上，都开始逐步脱离大家庭。

进入20世纪80年代，国家的经济政策发生改变，基诺族也经历了从集体经济到家庭联产承包责任制的出现，土地改由个体家庭承包，三十年不变，促使个体家庭直接从集体经济中独立出来。各个小家庭明确分配到一块土地，有几十年的使用权限，这和过去基诺族传统的土地使用规则相比，发生了根本的改变。小家庭有了独立的土地，从烧荒、耕地到收获，全部由自己负责。于是，每个小家庭都尽心尽力地经营自己的土地，希望获得最好的收成。独立的经济基础，使小家庭在社会事务中也获得了更多的自主性。尤其是新一代的青年人，受到现代文化的熏陶，摆脱了传统文化束缚，要求有独立的生活空间，在组建新的家庭时，无法适应传统的大家庭生活，有了单独生活的强烈愿望。于是到了20世纪90年代，基诺族的村寨中，几乎再也找不到大家庭，能看到的都是独门独户的汉式砖瓦房，小家庭是社会生活中的最基本单位。

生产力的发展，国家政策的改变是促使大家庭解体的客观因素；现代文化的传播，人们观念的改变是促使大家庭解体的主观因素。小家庭成为独立的经济个体，在基诺社会中扮演着越来越重要的角色。可以说，小家庭的出现，大家庭的消失，是基诺社会发展的轨迹，是历史的必然选择。

三、家庭的内部关系

基诺族家庭中内部关系分工明确，角色清晰，对男女两性关系要求较为严格。

基诺族的家庭里，男子在生产生活中占据主导地位，在重要的事件上如生产劳动安排、经济财产分配、新建房屋工程等全部由父亲做出决定。平日里，男子会从事耕种、狩猎等较重的活计，是家庭里的

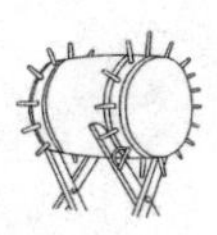

顶梁柱。当然，妇女的角色也是尤其重要的，除了每天做饭、洗衣等家务事之外，也要下田干活，如下种、收割等，还要负责采集野菜、看管孩子。比较特别的是，在基诺族的生活习惯中，砍柴和背水是必须由妇女来做的，男子不能参与。所以，走在基诺村寨中，有时会看到男子扛着猎枪走在前面，而女子则背着沉重的一捆柴走在后面，男子神情自然，没有任何帮忙的动作。

基诺族谚语“儿养不胖母之过，教不好父之过”，对养育子女过程中父母的职责进行了形象的说明，母亲负责照顾子女饮食起居，父亲负责教育子女品德习性。在实际的生活当中，父母都会传授子女生产生活中的基本常识和主要技能，并按照男女性别的不同，各自扮演不同的角色。如父亲会在男孩子七八岁时，教会他如何烧荒、如何狩猎、制作工具等，并在具体的实践操作中进行指导，锻炼男孩的生存能力；母亲会在女孩子八九岁时，教会她如何做家务、如何纺织、采集野菜等，养成女孩良好的性情，为将来能够很好地适应为人妻、为人母的家庭生活打下基础。

值得一提的是，基诺族社会自古就有尊崇舅舅的习俗，舅舅在家庭关系中扮演着类似父亲的角色。在甥男甥女的教养过程中，舅舅有教育督导的责任，要传授文化知识、教导为人处世、帮助其形成正确的价值观念。在甥男甥女的人生历程中，如取名、结婚等重大时刻，舅舅有参与决断的权利。如结婚前，要先到女方舅舅家去拜望，征得舅舅的同意才能举行婚礼；结婚时，要给女方舅舅一定数额的“接人费”；也要给男方舅舅一定的礼物。离婚时，要经过舅舅的调解，无效后才可离婚，离婚仪式由舅舅主持。舅舅与甥男甥女之间的亲密关系，还表现在其他的一些方面，比如未婚生育的孩子，如果母亲不再嫁人，要作为舅舅的后代，在舅舅家里长大成人；如果舅舅没有子女，年老时由外甥负责舅舅的起居生活；如果外甥不幸夭折，舅舅一年内不能戴耳饰、不唱歌；同样，如果舅舅去世，外甥也会这样做；人们认为，吃舅舅嚼过的饭或舅舅给拴上红线，可以辟邪去病；如果没有舅舅，可以去认一棵树或蚂蚁土堆作为舅舅。这些无疑都表明甥舅之间的关系是家庭内亲密关系之一，舅舅在家庭中的位置至关重要，这也是母系社会的遗风遗俗。

基诺族社会在男女两性关系的要求上十分严格。基诺族婚姻属于一夫一妻制，在恋爱时期并没有太多的限制，但是一旦结成夫妻，夫妻双方要忠诚专一，保持贞节；要共同承担起家庭的责任，养育子女，赡养老人。基诺社会里严格禁止婚外性关系，基诺社会中的青年组织“饶考”和“米考”，其重要职责之一就是监督已婚男女是否存在越轨行为。如果发现这种行为，要进行严重的惩处。在巴亚寨，如果发现女子有越轨行为，查证情况属实后，这名女子的丈夫会手持火把，召集全寨的成年男子到奸夫家里，将能吃的全部吃掉，有时还会把奸夫氏族亲属家里的东西也全部吃掉，然后放火烧毁房屋。因为奸夫的行为会影响到氏族亲属家里的财物，他要负责赔偿，基诺族习惯将这种惩罚称为“得到找”，意思是等候着吃。这种情况的出现对于奸夫的打击很大，尤其经济上损失惨重，即使富裕的家庭经此一事也会走向败落。

四、家庭的新老继替

每个家庭都会有一个生命历程，从建立、繁荣到结束，这个过程中包含了很多喜悦，如新婚的甜蜜、子女的出世；包含了很多的悲伤，如感情破裂导致婚姻关系结束、配偶年老抛弃自己离去。

生育儿女是人类社会种族绵延的基本保证，基诺族社会中，对于婴儿的孕育和抚养有着自己独特的传统习惯。基诺族讲求男女平等，没有重男轻女的风气，婴儿的生育过程倾注了父母的爱和希望。从妊

娠期开始，夫妻二人要十分注意饮食、行为、穿着等各个方面，以免触犯生育禁忌。临产前，产妇要到竹楼的晒台上，采用跪姿生产。接生婆用竹片割断脐带，用白棉线扎好，并用凉水冲洗婴儿。一般看清婴儿性别后，在割断脐带前就要给婴儿起名，并将胎盘埋好。新生儿冲洗干净后，母子二人进屋到竹楼正中的“生命柱”下面坐月子，这个柱子是祭祀生命女神的场所。家里人会在这个地方举行虔诚的献祭仪式，希望神灵保佑新生的婴儿健康平安。产妇在“生命柱”下住满13天以后，会与婴儿一起移到正厅家长卧室的门口，一直住到满月。在这期间，婴儿脐带疤痕脱落后，母亲会给他穿上象征清洁光明的白布衣服，带上用黑布做成并挂有一串姜片辟邪的“月子帽”，希望人世间的光明战胜黑暗里的恶鬼，保佑孩子能够健康成长。在孩子出生的第二天和满月后的第一天，会举行两次出山仪式。第一次是父亲到山里打猎，一般认为这是带着新生儿的灵魂前去的，希望孩子以后能够成为出色的猎手，猎到丰盛的猎物。第二次是父母背着孩子走出山寨大门，表示新生儿已经是一个真正的人，父母以后可以背着孩子出去干活了。新生儿的降生，使家庭得以延续，年轻的小夫妻成为父母，肩负了更大的

“长房”中的生命柱　（傅光摄）

责任，家庭也因此更加稳固、圆满。

基诺族社会中，通常不会出现离婚的现象。如2000年第五次全国人口普查时，基诺族再婚的人数占3.35％，离婚比例为1.37％；2010年第六次全国人口普查中，在基诺族15岁及以上的人口中，未婚比例为23.07％，已婚比例为70.17％，离婚比例仅为1.43％，丧偶比例为5.33％。夫妻二人只有在确实感情不和，并且经过父母和舅舅的教育后，仍然不能生活在一起的前提下，经过舅舅的同意，才可以离婚。离婚的仪式由舅舅主持，舅舅先将保存的碎碗片丢掉，这些碎碗片是男女结合的证明，在结婚时，由女方从男方家找来，然后交到舅舅手中一直保存。同时，舅舅还要倒掉一碗水。男方要拿出一壶酒，舅舅向男女双方各倒一杯酒，男女各喝一口，男的会说："你活着不是我家的人，死了也不是我家的鬼。"女方将结婚时带过来的财物带走，包括日常使用的生产工具和身上所带的饰品。两人在共同生活期间所创造的财富，包括粮食、工具、共同栽种的树木、共同饲养的牲畜全部平分，孩子由母亲带回娘家抚养。按照基诺族的传统习惯，离婚的妇女以后可以改嫁，而且不只是离婚的妇女，丈夫早死守寡的妇女都可以回到娘家居住，母亲会单独分给她一间房间居住。

第四节　古老的丧葬礼

每个人都会面对死亡，基诺族将死亡看成是回到祖先居住的地方——"司杰卓米"，那里富足、快乐，是充满幸福的天堂。基诺族的丧葬仪式是对逝者的怀念，也是为逝者送行，是铺平逝者前往天堂的道路，是帮助逝者顺利到达前方。但是，只有正常死亡的人才有资格回去，与祖先团聚；而非正常死亡的人只能到处流浪，成为孤魂野鬼。所以，基诺族一般将正常死亡的，如老死或病死的人进行土葬，埋在

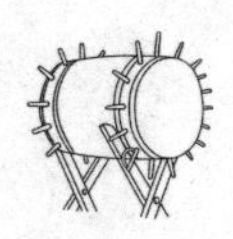

氏族的公共墓地里；而非正常死亡的，如溺亡、自杀身亡的人和夭折的小孩，随便找个地方埋葬；难产死的妇人，一般火葬或风葬。

一、滚灵布与停尸

基诺人死后，顺着火塘的方向停放在房间里，并在旁边摆放一张竹桌，供放祭品。由亲人先为死者沐浴更衣，两手各放一枚鸡蛋，眼睛盖上金元。生前穿换的衣服放在身上，生前使用的工具放在身旁。若死者是老人，还要在身上放扇子和毛巾，表示在路上可以扇凉擦汗，然后用白布盖上。若死者是村中的长老，仪式会比常人的更为隆重。比如当“卓巴”或“卓生”断气时，人们会将他家里的大鼓立刻斜挂起来，全寨人会立刻停止一切活动表示哀悼。

若死者是父母，基诺族还有“滚灵布”的习俗。“滚灵布”是儿子、媳妇在结婚时就准备好的白色砍刀布。当老人断气后，儿子、媳妇将“滚灵布”拿出并绕在树枝上卷成一筒，一般按照年龄排序大小，“滚灵布”长短有所增减，如大儿媳八尺长，二儿媳七尺长，三儿媳六尺长……然后请人拿到屋顶挂上，儿子、媳妇站在房檐下，“滚灵布”依次滚到地面，全寨人都来观看滚下的布直不直。如果“滚灵布”是直直滚下，暗示儿子、儿媳对老人孝顺，会带来好运；如果“滚灵布”是斜着滚下，暗示儿子、儿媳对老人不好，会带来霉运。

此外，儿子们还要按照次序分别在死者尸体上方的房梁上挂上筒帕，在死者入棺前翻看三次。如果有谷米之类的东西，表示会有好收成；如果有兽毛之类的东西，表示会猎到大兽；如果有竹篾之类的东西，表示会编织顺利；如果什么都没有，表示遇事不利。

丧葬仪式和宗教信仰密切相关，尤其与灵魂、鬼神等民间传统观念相结合，增强了现世人的畏惧之感。“滚灵布”和挂筒帕正是基诺人观念中，人死之后灵魂不死，并干预生活、预示福祸、报应因果的一种验证。这样，子女可能因为莫须有的罪名，受到社会舆论的监督和指责。从这些影响上看，“滚灵布”和挂筒帕仪式一方面反映人们的日常生活与原始宗教信仰联系密切；一方面表明基诺族有尊老、敬老的传统，原始文化对子女赡养老人有一定的约束力。

二、独木棺与墓地

基诺族实行的是独木棺葬。若村寨中有人去世，在停放尸体时，男子们会到山上选取合适的大树，杀鸡祭树神后，将其砍倒。取其中的一段，劈成两半，将中间挖空。独木棺制成搬回寨子后，人们用黑灰、红土等调成的染料给其涂画上各种花纹。每个家庭的经济条件不同，棺木的选择也不同。富裕的人家一般选用争光树，有的提前将棺木准备好；贫困的人家有的只用竹片或木板拼成，棺木大多是现砍现用。

除了死者是长老或遇到忌日等特殊情况外，基诺族习惯将死者当天埋葬。死者入棺后，用三道白线或藤条捆好，由 4 人或 8 人抬出。出殡时，要撒米、打枪驱鬼。队伍前有彩色布条做成的灵幡和白色布片剪成的人、动物、植物等各种形状的灵幡，据说这些灵幡都是礼物，帮助死者顺利过关，彩色幡是送给各道关卡的礼物，人形幡是送给“杰卓”[①] 大官的礼物。还要准备一些肉菜和汤，分别送给寨子神鬼和各道关卡的官。

基诺族的墓地为村寨共有，不分等级，属于公共墓地。墓地通常在村寨主要交通要道附近，但是这并不意味着正路与墓地之间平整无草，相反杂草丛生，基诺人认为路途平坦死亡的人会更多。墓地面积大小轻易不会改变，基诺族人认为墓地的面积要是增加了，意味着会死去更多的人。除个别村寨外，基诺族在埋葬时死者的脚正对着杰卓

① “杰卓”山是基诺族祖先最早定居的地方。

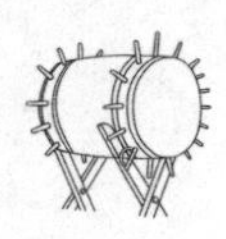

山方向，意味着死者爬起来就可以朝先祖居住的地方走去。

埋葬时，死者的子女抛出鸡蛋，鸡蛋落地的地方就是墓址。然后，用竹竿量出大小，挖好墓穴，就可以将独木棺放入。如果遇到瘟疫、天花之类的灾祸时，则先将以前葬下的尸骨取出深葬，之后再将后去世的人埋葬。下葬时，要当场杀一条狗和一只鸡陪葬，据说狗可以在阴间给鬼魂带路，鸡可以给鬼魂报时。然后，用草排和篾笆围成类似房子的坟墓棚，棚子周围插上涂过狗血的竹签，避免野兽和传说中吃尸体的野人毁坏坟墓。在此之后的一段时间里，基诺族还要供祭死者，每天早晚到墓前献饭，只是持续时间有长有短，以 13 天为一轮，长的为 1 年，短的为几个月，现在只进行 3 天。

第六章

“茶马古道”的现代经济生产

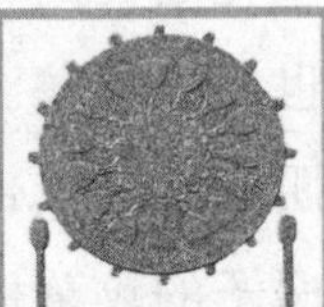

基诺族传统的生产生活中，除了以“刀耕火种”的山地农业为主之外，靠山吃山，靠水吃水，还辅以采集、狩猎、纺织、捕鱼等方式补充日常生活所需，这些是基诺族人民劳动智慧的结晶，是基诺族生产发展历史上重要的一页。改革开放以来，基诺族由一个与世隔绝的原始民族，变为全面开放的现代民族，由最初的贫穷，变为现在的富足。经过几十年的发展，基诺山已经发生了根本的改变，经济繁荣，生产进步，社会稳定，民族团结，一片欣欣向荣的景象，真可谓“换了人间”。

基诺族在党和政府的大力扶持下，积极调整产业结构，在粮食生产自给有余的前提下，扩大经济作物及蔬菜水果种植面积，努力转变经营方式，将先进的科学技术请进来，从封闭的村寨走出去，熟悉市场信息，拓宽销售渠道，市场经济蓬勃发展。基诺族更改了基本战略的方向，从万物有灵、多种祭祀仪式到热爱科学、努力学习先进技术，科技兴乡深入人心。基诺族完善了基础设施的建设，从步行马驮、村落封闭到通水通电、交通便利、通信发达。今天，基诺族更是根据自身发展的具体情况，结合外部环境的实际条件，开发出了畜牧业、茶产业和旅游业三大新兴产业。

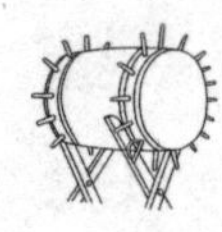

第一节　靠山吃山　靠水吃水

俗话说：“靠山吃山，靠水吃水。”基诺族传统的经济生产中，形成了依赖森林资源、河流资源的采集、狩猎、捕鱼、纺织、编织等生产生活方式，大大补充了日常生活所必需的饮食、衣帽、工具等方面的需求，是基诺人适应生存环境，与大自然和谐相处的重要体现。

一、四季采集

基诺人常说：“没有肉吃男人害羞，没有菜吃女人害羞。”采集是基诺族最为普遍的生产生活方式，是基诺族日常家庭餐桌中菜肴的主要来源。一年四季，无论何时，基诺族妇女都会在劳动之余到山林之中采集一些野菜野果，以便丰富家庭餐食。

基诺族采集的食物主要有野菜类、笋类、菌类、果类、块根类和虫类。

野菜类：由于年初几个月没有新鲜的家庭种植蔬菜，这个时候采集的次数和数量相对较多。经常采集的有：象耳朵菜、蕨蕨菜、酸荞菜、火筒叶、鱼腥草、车皮藤、炮仗花、芭蕉花、野猫花、兰草花、董棕蕊、甜草根、橄榄皮等，多达140多种。

笋类：一般每年的4月到9月是采集竹笋的最佳时间，竹笋可以直接煮炒，可以晾干贮藏，基诺人更喜欢把竹笋泡制成酸笋食用，这样一般可存放两三年。基诺山笋类大概有20多种，有黄竹笋、白竹笋、大泡竹笋、细泡竹笋、过江竹笋、窝竹笋、娥篌竹笋等。

菌类：主要有木耳、白参、蚂蚁谷堆菌、八担柴、马皮泡、奶浆菌、酸菌、辣菌、羊食菌、大红菌、大火炭菌、小火炭菌等，菌类采集以6月至8月最盛，大多是即采即食，也有一些可以晾干贮存起来。

果类：野生果类种类较多，有青果、辣芒果、毛荔枝、象耳朵果、酸布灵、歪屁股果、山多依、哈旦、大酸苔、乌鸦果、金凉果等。

块根类：主要有四棱、青山药、绿山药、硬壳山药、黄山药、山羊头、芭蕉根、魔芋、藤萝卜等20多种。这些食物淀粉含量较高，有的重量达到10斤左右。食用时，有的需要切片泡水，有的需要泡石灰水，一段时间后，去掉涩味，用蒸煮的方式做熟。

虫类：基诺族有饮食昆虫的习俗，主要有知了、油虫、棕树虫、飞蚂蚁、黄蚂蚁、蚂蚁蛋、油肚子蚂蚁、蟋蟀、绿蚂蚱、山谷油蚂蚱、山蜘蛛、箐蜘蛛、花蜘蛛、竹笋虫、竹虫、蜂蛹等。其中的竹虫、蜂蛹被视为珍品，采蚂蚁蛋最为困难，这些昆虫是基诺人蛋白质补充的主要途径。

目前，随着市场经济的兴起和观念的改变，人们对于菜品的选择更关注是否有利于健康，是否有营养，是否够安全，绿色、天然的野生菜果自然受到城市居民的欢迎，在市场交易中格外走俏。基诺族采集的野菜、野果除供给家里之外，大部分要供应市场的需求，采集的数量也在不断增大，这些也为基诺族增加了一定经济收入。

二、上山打猎

基诺山原始森林纵横交错，其间生活着麂子、马鹿、野猪、野牛、松鼠、竹鼠、野鸡、野鸭、山雀、山鹰等多种野生动物，猎杀这些动物以补充日常的肉食来源成为基诺族的生产习惯。

20世纪50年代以前，基诺族所有的山、箐所有权以三种形式分配：一种是全寨共有；一种是氏族共有；一种是家族共有。基诺人狩猎活动通常在自己家族所有的山地或箐沟范围内进行。基诺人一般单独狩猎即可，但有时也会进行围猎。围猎时，除猎手外，村寨里的青年男女、已婚妇女和大一些的孩子都可以参加。最开始需要老猎手和

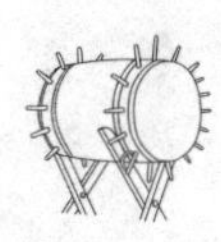

村寨长老择定时间地点，然后人们按照时间进入指定区域，猎手用猎网将四周包围，并在各个道口埋下陷阱，妇女和孩子们进入包围圈，大声吆喝或敲打出声，可以驱赶可以引诱，受到惊吓的野兽四处逃窜，落入猎人的手里。围猎通常规模较大，需要全村人出动，并收获较多猎物，人们满载而归。

狩猎大多围绕农业生产时节进行，如烧过地后，一些飞禽或野兽喜欢吃烧死的虫子或草木的灰烬；秋收时，一些野猪之类的野兽喜欢偷吃长成的庄稼；砍伐树木后，一些马鹿之类的野兽喜欢吃新生的嫩草。这些都为猎人们创造了狩猎的机会。他们常常使用一些自己制作的竹签、压木、弩弓等工具，在野兽出没的地方埋伏起来，伺机将其捕捉。基诺人常年与动植物打交道，对动物的生活习惯十分了解，这也为猎人狩猎提供了更多的好机会。比如，农历 3、4 月间，只有个别的野树结果，这时的果子狸就会集中到这些树上找果子吃。半夜里，猎人守在这些树下，循着果子狸吃东西的声音就能找到它们。还有一些时候，猎人们在黄昏观察好鸟儿们的栖息地，半夜时来到这些树下，依靠手电筒的帮忙，也会有不少的收获。

基诺族在狩猎前习惯进行一些祭祀仪式，以祈求猎神赐予猎物。一旦狩猎成功，回到寨子里还会举行一系列的祭祀活动，以感谢猎神的眷顾。如果猎人打到较大猎物时，会敲着大竹筒通知大家。当猎人背着猎物走到寨外时，村寨的长老和各家的家长会去迎接，并摆好祭桌，放好各种祭品。人们会聚在一起感谢猎神，并将猎物除头、四肢、五脏外，其他均分。如果猎人打到小猎物时，会敲着小竹筒通知大家。猎人将猎物背到家里，举行祭祀猎神的仪式。猎物除大腿留给猎人外，其余的要分给前来帮忙的人、家里人和本家族的人。晚上，要请长老和全家族的人共同分享。

狩猎是基诺族经济生产中的代表性方式，是基诺族男子从小习得的主要生存技能之一，它和人们的饮食来源、宗教祭祀、农业生产都有着十分紧密的联系。今天，基诺山的原始森林受到保护，法律上禁止猎杀野生动物。基诺人已经改变了经济生产方式，所食用的肉类主要来自家庭的饲养，狩猎逐渐退出了历史舞台，但是作为物质文化遗产，狩猎一直是基诺族经济生产的特色内容，成为追寻基诺族经济生产轨迹的重要方面。

三、下河捕鱼

基诺山水域资源丰富，境内有小黑江、勐旺河、卜天河等河流，各种野生鱼类数量繁多。农闲时，人们习惯三五成群地到河里捕鱼，不仅可以消磨时间，寻找乐趣，而且还可以把捕捞的鱼做成“干巴”或腌成酸鱼，在日常餐桌上增加几道美食。

基诺人捕鱼时，结合地方的实际特点，总结了一些捕鱼的技巧。比如，他们习惯“毒鱼”，就是在河岸找到一些植物，取这些植物的汁液将鱼毒倒，再进行捕捞，既省时又省力。这些植物有：“胡枯卢刺”是一种带刺的树木；“比吡吡”是一种野生刺藤皮；还有一种叫作“鱼咸皮”的春天树皮。这些植物所能提供的汁液可以分为两种，一种类似麻药，能将鱼呛昏，使其活动失常；另一种类似毒药，毒性很大，鱼中毒后会漂浮在水面上，任人打捞。一般无论哪类“毒药”，经过河水的冲洗后，对人体都不会产生什么影响。但也有一些是需要格外注意的，基诺人对于第二类植物汁液使用十分谨慎，因为药量过大不只是毒死了鱼，还会破坏周围的生态环境，甚至危及人类自身的生存，所以，即使使用也十分小心。

使用这些汁液来毒鱼只是捕鱼时的一个方面，基诺人还喜欢在一些水位较浅、水势平缓的河流中，使用石洞罩鱼的方法捕鱼。即在这些河流中，先将一些“毒药”放入石洞中，再用渔网罩住逃到洞口的

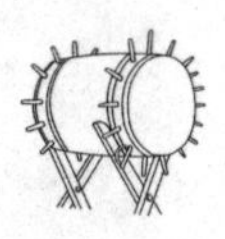

鱼群。而在一些水流分叉的地方，可以先将叉流堵住，再使用这些“毒药”来捕鱼，这种方法叫堵叉河。在这两种方法使用中，渔网的作用不容小觑。渔网有大有小，大的能拖10斤以上的鱼，小的平时够用即可，使用时可以自由选择。在石洞罩鱼和堵叉河两种捕鱼方法使用中，渔网是必须准备的，因为有时可以捕捉到很多鱼，没有渔网，恐怕会事倍功半。

由于基诺山布满了纵横交错的箐沟，往往在这里藏着各种箐虾鱼蟹，如白鱼、大头鱼、红尾巴鱼、箐虾、青螃蟹、山螃蟹等，所以基诺人还喜欢在箐沟里捕鱼捞蟹。他们通常先将箐沟的前后用泥巴或石块堵死，然后用可以盛水的工具不断淘水，随着沟里的水位下降，鱼蟹自然无处可躲，人们就可以打捞它们了。

捕鱼是基诺族重要的副业之一，是基诺族谋求生存过程中认识自然、适应自然的产物。今天，基诺族很少使用老方法来捕鱼了，工具比以前先进了，但是生态环境已经发生了改变，河里的鱼越来越少了，人们想恢复过去的欢快场景十分困难，能吃到自己捕到的鱼也不像以前那样容易了。

四、纺织编织

纺织是传统基诺族女子必须掌握的基本技能，为了保证家庭成员能够有衣服穿，有帽子戴，女孩子在七八岁时就跟着母亲学习纺线，到了十六七岁时开始织布、缝衣。过去基诺族家家种棉花，每年秋收后，妇女们先要将收获的棉花去籽纺线。纺线可以随时进行，无论是去劳作的途中，还是舂米的过程中，都可以看见妇女手拿用圆形木块做成的纺轮加工棉线。

传统基诺族妇女织布使用的是一种原始的腰机，织布时，妇女坐在地上，经线一头拴在腰上，一头拴在木棒上，纬线绕在竹木梭上。

基诺族的传统织锦工艺　（赵汀摄）

左右来回穿行一次后，用砍刀式的木板推紧。因此，把这种布称为"砍刀布"。传统社会中，基诺族的衣服帽子几乎全部由砍刀布制成，这种布料虽然费时费力，但是结实耐用，深受基诺人的喜爱。现在的基诺人已经习惯了穿着汉服，尤其是年青的一代，他们对流行、时尚的现代服饰更加倾心。但是，在重大节日、祭祀活动或表演节目中，基诺人依然会穿上砍刀布所制成的传统服饰。

自古以来，竹子在基诺族的生活中有着重要的作用，人们没有文字，用竹板竹片记事；唱歌伴奏，用竹管制成乐器。在基诺族日常生活里，到处充满了美观实用的竹制品。人们住竹楼、坐竹凳、睡竹床、装竹箱、食竹笋，狩猎的时候，用竹子制成扣子、竹签；农耕的时候，用竹子制成打谷棍、夺铲；采集的时候，用竹子制成背箩、竹竿。甚至吃饭使用的锅、碗、瓢、盆全部用竹子编织。基诺山漫山的竹林为人们提供了充足的材料，竹篾编织成为基诺族男子的基本手工业，成为判断一个男子是否心灵手巧的标准。基诺人常用的竹编方法是两抬

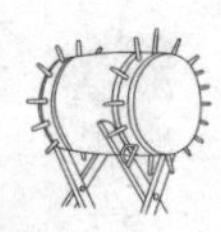

砍刀布和基诺族妇女　（武松摄）

两压法、三抬三压法和双抬双压法，难度程度逐级递增。普通的两抬两压法比较简单，可以编制箩筐等用具；最难的双抬双压法可以用来编制精美的竹烟盒，作为礼物赠送给恋人。

第二节　从“刀耕火种”到自给有余

2005 年，对于基诺族来说，是具有特殊意义的一年。这一年，基诺族的人均年纯收入达到 1881 元，个别村寨和家庭甚至超过了全国农民的收入水平。这一年，国家民委正式宣布基诺族基本实现“整体脱贫”，基诺族彻底摘掉了贫困落后的帽子。基诺族所取得的成绩，与其他少数民族相比，可能还存在一定的差距，但就自身而言，进步神速，前景乐观。2008 年，基诺族乡农村经济总收入为 5799 万元，比 1978 年的 96.4 万元，增长了 59 倍；农民人均纯收入为 2388 元，比 1978

年的106.85元，增长了21倍。2011年基诺族乡生产总值达9820万元，比1978年增长了近百倍。基诺族乡农民人均年纯收入从2000年的800元增加到2005年的1881元，2010年达到3165元，几乎每隔五年实现翻倍增长。最近两年的发展势头更是喜人，2012年农民人均年纯收入达到6326元，远远超过了全省4722元的平均水平，基本实现了跨越式发展，这和基诺族发展的整体思路转变紧密相关。

一、有序循环的轮歇耕种

基诺族传统的日常耕种以“刀耕火种”农业为主，这种“刀耕火种”并非毫无计划的乱砍滥伐，而是一种有计划的山地轮歇耕种农业。比如基诺山的巴亚寨模式。巴亚寨是基诺山区的大寨，人口最多、土地最少，这个村寨将所有的山地划分为13片，每年只耕种其中的一片，按照一定的顺序下来，13年后这里又长出茂密的树林。巴亚寨13年一轮的方法，是一种有序循环方式，既保证了人们的生活衣食无忧，也保存了良好的森林资源，几乎成为基诺山人们遵从的圣典。在基诺族的传统社会中，这种轮歇耕种方式，是基诺族人民在实际生存条件下的最佳选择。人们认识到山林是生存的衣食来源，只有保存一定规模和数量的森林，才能继续进行农业生产。于是，这种轮歇耕种方式在具体实施过程中，对耕种土地上的树木，并不砍伐殆尽，而是留下一根根树桩，这些树桩来年又会发出枝杈，几年后会成林。耕种的土地也是一块一块地进行，并没有连续耕作，以确保森林的及时恢复。

基诺族祖祖辈辈定居在基诺山，与山地、林木有着深厚的感情，他们之间的命运息息相关。基诺人知道保护好山林对于他们意味着保留生的希望，因此，自古就有一套保护森林的民间法律，维护基诺山的生态系统。如严禁砍伐道路两旁的森林，严禁砍伐水源林和轮种以外的原始森林，一旦被发现必将重罚。在烧地时，必须提前在四周挖

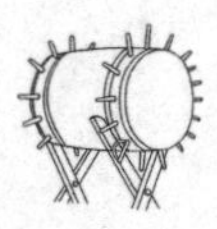

好防火道，防止烧地时火势蔓延，大面积损毁山林，等等。这些是山地轮种中的习惯法规，也是宝贵经验，每个人都将保护森林作为自己的责任，在生产生活实践中，尽最大努力避免对山林的破坏。

但是随着时间的推移，基诺山传统的轮歇耕种方式越来越缺少继续维持的空间。首先，基诺族在短短的几十年之间，人口数量翻倍增长。人口数量的大幅度增长，意味着对土地的需求越来越大，改革开放以后，基诺族经济的快速发展本身就是建立在对林地的消耗基础上，没有更多的土地来满足新增人口的需求。

其次，基诺山当地政府提出了“以林为主，在粮食自给的前提下，因地制宜，多种经营，综合发展”的发展思路，大量引进并种植了茶叶、橡胶、砂仁等多种经济作物，山林面积越来越小。除此之外，道路的修建、保护区的划定，都使基诺山可用作耕种的山地面积逐渐减少。大面积的山地是轮歇耕种的重要保障，如果这一条件改变，轮歇耕种就丧失了先天优势。

最后，政府在20世纪80年代分别实施了“林业三定”和“两山一地”的政策。“林业三定”即划定山林权属、划定社员自留地、确定林业生产责任制；“两山一地”即责任山、自留山和轮歇地划分到户。这样把基诺族社会经济的基础——集体所有制彻底打破，山地、林地、水田等逐渐承包到户。这一时期，基诺族的小家庭已经从大家庭中脱离出来，按照小家庭作为单位进行承包。以前村寨中以家族为单位，将土地分为若干部分，几年轮换一次，保证每块山地轮歇间隔时间较长，有充足时间恢复。如今按照小家庭承包山地，面积减少，山地轮歇时间较短。人们具体耕种过程中，不再以烧地、砍荒作为肥料，而是使用化肥、农药，这样对山地的土质也造成了恶劣影响。

基诺族轮歇耕种的生态环境遭到严重的破坏，人们难以在轮歇耕种方式和生态环境保护两者之间达到平衡。于是，今天基诺人开始选择退耕还林，甚至放弃轮歇耕种方式，重新寻找谋生出路。

二、多种经营的市场经济

党的十一届三中全会后，基诺山迅速转移工作重点，着重抓经济建设，搞生产发展。基诺山政府放弃“以粮为纲”的指导方针，做出了“以林为主，多种经营，综合发展”的战略部署。经过三十多年的努力实践，基诺山走出了一条以粮食、橡胶、砂仁、茶叶、水果种植为支柱产业，以畜牧业、旅游业等为辅助产业的发展之路，基本实现了粮食自给有余，生态环境受到保护，经济收益逐年提高。

基诺山从最初的集体经济到现在的市场经济，多种经济作物的种植成为基诺族收入的主要来源，基诺族的生产生活已经与国内外市场密切相关。比如1990年，基诺族乡政府制定了种植“三个1万亩”的规划，即橡胶、砂仁、茶叶各1万亩。全乡砂仁从1980年的2000多亩发展到1990年的1.3万多亩，砂仁面积占到全国砂仁种植面积的5%，总产量达到7.58万公斤，占全国砂仁总产量的24.6%，产值达到218万元，仅这一项农民人均纯收入就达228元。① 与此同时，橡胶的种植面积也从1980年的221亩发展到1990年的2万多亩。20世纪90年代初期，橡胶、砂仁、茶叶等经济作物迎来黄金时期，价格高涨，基诺人20世纪80年代以后开始大量种植的经济作物，在这一时期收入可观，部分基诺家庭生活水平有了显著的提高。

2008年，基诺族乡开割橡胶面积3.4万亩，干胶总产量1881吨；当年采茶面积1.7万亩，当年产量374吨。② 这一年，基诺族乡橡胶面积10万亩，茶园面积2.5万亩，砂仁面积1万亩，水果面积0.57万亩。与1978年的橡胶18亩、茶园4769亩、砂仁1705亩、水果84亩

① 张云．中国基诺族．银川：宁夏人民出版社，2011：245.

② http://baike.soso.com/v5889556.htm

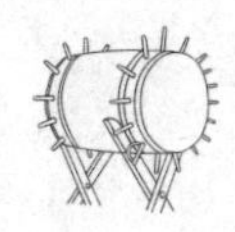

相比，增长幅度显著。[①] 大面积种植经济作物，确实可以增加农民的基本收益。但是，经济作物的价格浮动深受国内外市场的影响，需要政府有一定的监控能力，避免盲目跟风，在保证村民的基本自足基础上，提倡经济作物种植，增加收入来源。

如今，基诺族需要走出村寨，拓展销售渠道，抓住市场机遇，这些需要彻底转变观念。以前的基诺人羞于经商，很少从事商业活动。现在，人们的商品经济意识、市场观念逐渐增强。基诺族人民已经学会通过电视、网络等现代化渠道，获得更多的信息，实现准确定位，高效发展。这样，基诺族的多种经济市场经济才能在融入到全球化市场后，找到自己立足的空间，并适时适度转变，主动抓住机遇，获得更多的收益，走出持续发展之路。

三、科技兴乡的发展战略

传统的基诺社会生产生活中，由于生产力水平低下，人们只能靠天吃饭，抵御自然灾害的能力有限。无论是刀耕火种，还是采集狩猎，人们无法保证粮食生产丰收，采集菜果丰盛，捕获猎物成功。基诺族人民对于这其中可能发生的各种风险，如旱涝、虫害、瘟疫等，只能寄托在对自然万物的崇拜上，通过不断进行各种各样的祭祀活动，祈求祖先神灵保佑一切顺利平安。

自从改革开放以后，在各级政府和领导的关心下，基诺族人民依靠科学技术成功种植砂仁、橡胶等各种经济作物，经济收入提高，生活质量改变。这种情况，极大地鼓舞了基诺族学习科学技术的热情，科技致富观念更是深入人心。与此同时，基诺族乡政府结合实际，提出科技兴乡的发展战略，切实推动基诺族学习科学技术的进程。具体

---

① 张春玲．改革开放30年：基诺山乡展开腾飞翅膀．西双版纳傣族自治州政务网，http：//www.xsbn.gov.cn/jinri/ShowArticle.asp?ArticleID=11436

包括：针对优质粮食作物品种和砂仁、橡胶、茶叶、水果等经济作物的栽培、管理技术及各种畜禽养殖技术等方面的内容，先后组织上万人次的科技培训班，培养各村寨中的橡胶、砂仁、茶叶及粮食作物的技术能手。如2010年，基诺族乡政府科技办先后组织了农村党员实用技术培训、橡胶辅导员技术培训、护林员割胶技术培训、少数民族实用技术培训等；2011年，又先后组织了茶叶实用技术培训、割胶技术培训、橡胶白粉病防治培训、冬季包谷种植培训等。基诺族乡利用宣传小册子、电子光盘等方式，按照不同的经济作物类型，按照村寨中人们的文化程度，有的组织学校式教学，有的下到田间进行实际操作指导，尤其注重党员、文化水平较高农民的示范作用。这些不同形式的培训，使农民的科技意识得到显著的提高，增强了生产技能和田间管理水平，为基诺族多种经营经济的可持续发展创造了有利条件。

基诺族乡在乡里还设有兽医站、农机站、林业站、农业技术学校等机构，有农业专业技术人员13人，全面、及时地为村民提供技术指导，帮助村民解决实际种植中所遇到的各项困难。2008年，全乡共推广农业科技措施10项，其中，种植业5项，养殖业2项，科技试验项目2项，示范项目1项。乡政府还评选出科技示范村、科技示范户，使他们发挥积极的主导作用，带动村寨其他村民认真学习科学技术，使先进的科学技术得到及时普及及推广。

四、不断完善的基础设施

历史上的基诺山，到处覆盖着茂密的原始森林，如同一个世外桃源，全乡40多个村寨的水、电、路、广播、电视都不通，与外界接触很少，保持了最原始的生活状态。人们穿着自制的粗布衣裤，没有足够粮食满足温饱，住在简陋的茅草房里，出行多靠走路，如果需要携带沉重的物品，才会依靠马匹驮带。各项社会公共事业都处于空白状

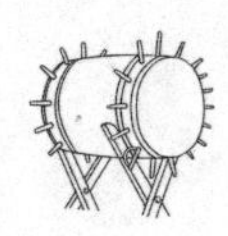

态。新中国成立后直到 20 世纪 60 年代，国家修建了国防公路——小腊公路，这条公路从西北到东南贯穿整个基诺山，打通了基诺山与外界的隔断。改革开放以后，国家加大了对基诺山的基础设施建设，相继修建了多条公路，到 20 世纪 90 年代，基诺山大部分村寨已经通路，只是有些仍然是质量一般的土路，基诺山的基础设施建设没有实质性突破，亟须大力完善。

如今，基诺族乡实现了村村通水、通电、通路，过去路不通、电不明的状况得到彻底的改变。1989 年，基诺族乡有 29 个自然村通电；1995 年，增加到 44 个自然村通电，有 30 个自然村用上了自来水；2000 年，46 个自然村全部通电。如今，基诺乡有日均供水 360 立方米的蓄水池一个，可为居民提供充足、优质的生活用水。2008 年，基诺族乡全乡 7 个行政村全部通了公路，乡村道路四通八达，交通条件便利。

基诺族人新起的民居　（武松摄）

同时，基诺族乡7个行政村全部实施了农村电网改造工程，全乡通电率达到100%。7个村委会所在自然村都实现了通广播、通电视。其中，新司土村、巴亚村、巴来村3个行政村能够收看到中央第一套、云南第一套、西双版纳州第一套等60套电视节目，其余行政村能够收看到中央第一套等28个电视节目；7个村委会所在的自然村都能收听到中央第一套、云南第一套、西双版纳州第一套等6套广播节目。[①] 7个行政村都开通了有线电视和移动通信网络。目前，基诺族乡有中国移动通信基站9座，中国联通站1座，小灵通基站15座，无线座机延伸至3个自然村，程控电话辐射到全乡，邮电通信方便快捷，几乎每家都有一部移动电话，农村固定住宅电话达1498部，覆盖率为60.23%，农村拥有电视机2566户，覆盖率为86.42%。[②]

总之，基诺族乡7个村委会、46个自然村全部通水、通电、通路，基诺族人民的生活质量得到明显改善；通信事业的发展缩短了基诺族与整个世界的联系，影响了人们的生产生活方式和基本的价值观念。各村委会修建了活动室，成立了村寨文艺队，丰富了人们的日常生活。彩电、冰箱、洗衣机等现代生活日用品已经进入到百姓家，手机、电脑成为生活的必备品，茅草竹楼也被宽敞明亮的小洋房所替代。基础设施的不断完善，为基诺族的发展提供了基本的保障，推动了社会经济的发展进步。

第三节　因地制宜开发特色产业

轮歇耕种农业的发展，多种经济作物的种植，已经不能满足基诺

---

① 赵新国，刘洁婷．人口较少民族扶持政策实施效果调查——以云南景洪市基诺山乡为例．黑龙江民族学刊，2012（2）：40.

② 搜搜百科．http：//baike. soso. com/v5889556. htm

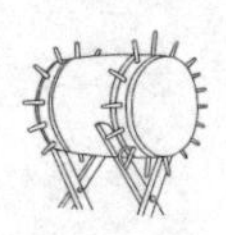

族人民奔向富裕生活的要求。新时期的时代特点，需要基诺族人民结合实际开发出多种模式多种路向的发展道路，将基诺山整体发展模式建立起立体发展平台。这种发展的需要，在基诺族人民的积极探索中，经过政府的关怀和指导，最终形成了畜牧业、茶产业和旅游业三大新兴产业。

一、挖掘基础资源的畜牧业

过去的基诺族人，肉食主要来自狩猎和家庭饲养。世代生活里，人们习惯了以特有的方式去向大自然获取猎物。而家庭生活中所饲养的牛、猪、鸡、狗，除了满足基本的食用需要之外，更多的是作为祭品完成各种祭祀活动，即便是家畜家禽的皮毛、血液和骨骼，也都具有驱鬼辟邪的意义。在传统的基诺社会里，农业生产中的祭祀仪式非常得多，没有这些牲畜祭祀仪式又无法进行，于是人们有时会将自己家的牲畜，在耳朵上剪个缺口，作个记号，放养到大山里，需要的时候再将它捕捉回来。因此，要从事农业，就必须有畜牧业的补充，在传统的基诺族社会里，农业和畜牧业并没有明确的区分。

改革开放以后，随着轮歇耕种农业的衰败，宗教祭祀活动在基诺社会中的地位逐步减弱，科学技术成为人们生产的重要指导，牛、猪、鸡、狗等家禽牲畜的饲养初衷发生了改变。基诺山优良的自然资源，为畜牧业的兴起提供了较为有利的条件，人们积极利用这一自然优势，引进优良品种，大批量饲养牲畜，希望在市场经济中收益。如基诺族乡以迁玛村委会的小耳猪养殖为中心，积极进行科学指导，推广养殖经验，带动全乡养猪业的发展。仅 2008 年，基诺族乡生猪存栏 7460 头，出栏 6392 头；大牲畜存栏 252 头，家禽存笼 36 000 羽，肉类总产量 373 吨。[①] 为了保证畜牧业的发展，基诺族乡政府在乡里设立畜牧兽医站，在各村寨配备兽医，监督指导牲畜饲养，推广畜牧新技术。还经常组织各村寨干部及党员到有成功养殖经验的示范村，现场学习先进的养殖技术，交流养殖注意事项，增强发展畜牧养殖业的信心。

基诺族乡结合市场需求，及时调整畜牧业结构，改良畜种，加强饲养管理，增殖家畜数量，使基诺族畜牧业发展形成一定规模，在基诺族人民的经济收益中占有越来越大的比重，成为基诺族乡特色的支柱产业之一。

二、保持民族特色的茶产业

基诺语将茶称为“啦博”，“啦”是依靠，“博”是芽叶，意译过来是“人们赖以生存的芽叶”。一般基诺人对茶树有 5 种称呼：“啦博阿则”——茶树、“啦博阿十拉”——野茶树、“啦博则里”——老茶树、“啦博则嫫”——大母茶树、“接则”——摇钱树。这些不同的称呼表明基诺族对茶树十分重视，有着绵长悠久的种茶历史和古老丰富的茶文化，世代居民与茶树结下了不解之缘。

基诺族的种茶历史，可以追溯到关于玛黑、玛妞的创世神话。据说，当年玛黑、玛妞兄妹带着茶籽躲进了大鼓中，后来在“司米卓杰”种植茶树繁衍后代，形成了基诺族。还有一种说法认为，当年孔明南征时到攸乐山附近时，落队的士兵追赶上大部队后，为了严明军纪，孔明没有收留，但是赠送茶籽，希望他们以种茶为生。这些士兵就是基诺族的祖先，他们世代以种茶为生。

据史料记载，元代开始，攸乐山开始纳入中央政府的统治范围。明代时，基诺山的茶园面积达到 4000 余亩，茶叶年产量在 2000 担左

---

① 搜搜百科．http：//baike. soso. com/v5889556. htm

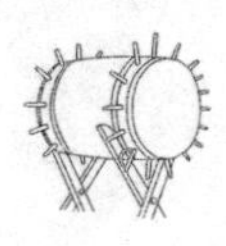

右，茶叶可以换取盐、粮食等生活必需品。清代时，基诺山人口曾一度达到万人，茶园面积有上万亩，茶业发展到鼎盛时期。清政府在基诺山建攸乐城，设立攸乐同知。清代人檀萃在《滇海虞衡志》中记载道：“普洱茶名重于天下，出六大茶山：一曰攸乐，二曰革登，三曰倚邦，四曰莽枝，五曰蛮砖，六曰曼撒，周八百里，入山做茶者数十万人。”攸乐同知主要职责就是维护六大茶山事务，督促茶农茶商采茶运茶并统一加工成各种普洱茶。檀萃在文献中将攸乐山排在了六大茶山之首，并写道“入山做茶者数十万人”，可见当时攸乐山茶叶产量之高，种茶事业之兴隆。而且，攸乐山茶叶以其优越的气候条件，丰富的物种资源，优质的茶叶品质，在清代曾经一度成为贡茶，有清人阮福在《普洱茶记》中记载为证：“茶产六山，气味随土性而异，生于赤土或土杂石者最佳，消食散寒解毒。于二月间采蕊极细而白，谓之毛尖，以作贡，贡后方许民间贩卖。”

基诺山普洱茶　（黄金国摄）

由于种种原因，清朝末期，攸乐山茶走向没落。进入20世纪40年代，基诺山发生战乱，瘟疫、疟疾等各种传染病流行，基诺人口迅速减少，基诺山茶园大面积荒废，茶业经济陷于瘫痪。新中国成立以后，基诺族重新恢复茶叶种植，并不断引进新的品种，如大叶茶等，为基诺族茶产业增添新成员。改革开放以后，经过日积月累的经验总结，基诺族逐步探索出独特的饮茶方式，并将茶产业开发成为基诺山的重要特色产业。

基诺族祖先种植茶叶有着自己的特点，他们将茶园选择在海拔1200～1800米、坡度60°～70°的山坡上。开垦山林时，不是伐掉整片山林种植茶树，而是按照一定的间隔留下部分高大的乔木，再将其他部分的树木砍掉，茶树种在乔木之间的空隙上，茶园与森林夹杂在一起，成为一个整体。这样一来，茶园不仅有足够的光照时间，而且茶树可以躲在高大乔木下乘凉，整个茶园通风透气，抵御干旱和洪涝的能力增强，生态环境破坏程度较小。今天，基诺山的古老茶园中，不仅可以看到300年以上的茶树，还可以看到野芒果、香樟、野荔枝等树木。基诺族乡政府为此开展了古茶树挂牌工作，对树龄在100年以上，连片面积在200亩以上的古茶园和次通老寨“攸乐同知”遗址等进行地理标志和遗址保护，增强全乡保护古茶树、弘扬茶文化的意识，使古茶园得到更好的保护。

基诺族茶文化中，祭拜茶神的仪式和别具特色的饮茶风俗同样具有独特魅力。基诺族自古就有祭拜茶神的习俗，如亚诺寨在暂停采茶期间，家家户户要在茶园中最大的茶树树干上涂上三道鸡血，沾上鸡毛，打破鸡蛋，并把蛋壳挂在树枝上。而巴亚寨则是将年内积累的蛋壳套在每一棵树的树枝上，如果茶树曾经被雷击中，则要在每年茶树发芽时，宰杀黑色或白色小猪各一头，黑色或白色小鸡各一只，到雷击的地方祭拜天神。基诺族饮茶喜欢凉拌茶、包烧茶等，这些饮茶方

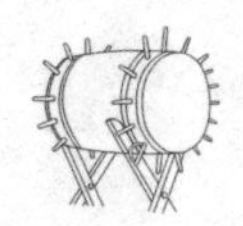

式远近闻名，吸引了众多的游客前来品评。

基诺族乡经过多年的发展，已经成立了20多家茶叶初制厂。2004年，在普文青山茶厂的帮助和扶持下创办了基诺山茶厂，以“基地+农户+工厂”的模式，从事精致茶叶加工，带动基诺山茶叶加工业发展，使当年农户的茶叶收购价格从年初的每千克0.8～1.3元，提高到1.6～2.5元。在此基础上，景洪市科技局以项目为依托继续投资10万元，帮助基诺山茶厂实施品牌战略，在精品茶的设计、包装、生产上加大力度。基诺山茶厂建成后，共加工成品茶185吨，向当地农民收购鲜茶叶123吨，直接为农民增加经济收入达27万元，仅收购价格提高方面，就为农民增加收入12.5万元，为整个基诺乡茶叶产业的发展和当地农民增收致富发挥了积极作用。

三、依托区位优势的旅游业

云南省西双版纳州是国内外著名的旅游景区，其独特的自然生态环境、神秘的民族风情资源，成为国内外游客首选之地。经过多年的努力发展，西双版纳州的旅游业已经相对成熟，旅游产业的综合功能明显增强，是当地经济收入的重要来源。位于西双版纳州中心的景洪市，从2006年开始，积极创建“最佳旅游城市”，成为西双版纳州旅游业发展的先锋。2012年，景洪市共接待国内外旅游者883.28万人次，同比增长了26.14%；旅游总收入达到101.88亿元，同比增长了31.17%。2013年上半年，景洪市接待国内外旅游者510.36万人次，同比增长19.55%。其中：接待国内旅游者480.3万人次，同比增长19.36%。接待海外旅游者12.42万人次，同比增长25.96%；旅游综合收入达61.2亿元，同比增长30.71%。旅游市场呈现景区游、自助游、自驾游、乡村休闲游等多元化趋势发展，旅游经济整体运行平稳。景洪市的旅游业发展日趋稳定，思路完善，特色突出，经典品牌路线成熟，已经成为第三产业中的主导产业。

基诺族乡是国内唯一一个基诺族的聚居地，位于景洪市东北部，距市区 20 多公里，是西双版纳州特色旅游路线东环线的必经之路，有着旅游开发的区位优势。同时，基诺族民族特色浓郁，自然风光优美，历史文化厚重，有着独特的民族特色旅游开发潜力。在景洪市的“十一五”旅游规划中，民族文化是一面必须扛起的大旗，以民族文化作为主导方向，可以挖掘丰富的旅游资源，吸引更多的国内外游客，带动相对贫困的少数民族地区发展。在其具体规划的四大板块之中，基诺族乡作为东部板块范围内的一员，成为旅游规划发展乡镇之一，其独具魅力的“特懋克”节日、“太阳”鼓舞等，经过艺术加工，重新编排创作，融入更多现代气息，成为基诺族乡旅游产业餐桌上的品牌美食。基诺族乡也成为景洪民族风情旅游的重要开发项目，景洪市希望将基诺山寨建设成民俗风情旅游基地，通过依托基诺山茶产业、茶文化的丰厚历史，开发普洱茶茶马古道自助旅游等多条精品线路，并建设万亩茶山休闲旅游基地。

自古单丝不成线，独木难成林。基诺族乡的旅游产业发展，正是借助西双版纳州成熟的旅游发展模式，景洪市强劲的旅游开发势头，州、市内其他景点连成一体，凭借自身优势，乘着这趟旅游产业发展的快车，成为旅游线路中耀眼夺目的新星。从 2005 年开始，基诺族乡积极开发基诺族民俗山寨旅游项目，完善基础设施，开发旅游产品，从点到面，从细节到宏观，形成了相对成熟的旅游产业，如今山寨每天可接待游客近千人，成为西双版纳州旅游东环线上重要一站。

目前，基诺族乡的巴坡村已经建成为全国唯一一个能够全面展示基诺文化的旅游景区。巴坡村基诺山寨景区内有基诺族历史文化展示区，将基诺族的祭祀仪式、传统节日、特色歌舞自然地融合到一起，以多种多样的形式将民族精髓一一呈现。巴坡村还有野牛岭、太阳广

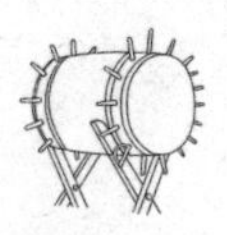

场、基诺族“长房”、“卓巴”的家等原生态旅游景点，原汁原味地再现了基诺族的古朴民风、民俗。游客来到巴坡村，不仅可以观赏了解基诺族的风土人情，更可以通过爬云梯、顶竹竿等项目亲自体验基诺族的真实生活。为了增强巴坡村基诺族民俗风情旅游的吸引力，使其在规模和整体开发上更具有特色。2012 年，巴坡村特色民族改造项目，改造民族 82 户，通过修缮、加固基诺族干栏式特色屋顶，展示基诺族民居的风格和特点。巴坡村还建设了基诺族博物馆，该馆为景洪市重点建设项目之一，总投资 761 万元，建筑面积 1499.73 平方米。博物馆分为综合展区和传习展区两个部分，综合展区主要展示基诺族生产生活、民族宗教、婚礼用品、狩猎工具等方面的内容；传习展区主要是基诺族民族宗教、民族舞蹈、民歌等传习室和大鼓舞传习所。基诺族博物馆建成后，成为展示基诺族起源，传承民族文化，丰富村寨文化生活，提升基诺山文化形象的重要平台。

广场上的基诺族图腾柱 （武松摄）

值得注意的是，旅游业的开发还会带动农业、副业及相关产业的发展。在这个需要创造民族文化品牌的时代，基诺族的特色饮食、特色服饰等都可以开发成为旅游产品，形成一系列品牌商品，一方面扩大基诺山文化的吸引力和影响力，一方面帮助基诺族人民增加收入来源。旅游业的发展还可以为基诺人带来更多的就业机会，巴坡村有三分之一的村民在基诺山寨景区内从事导游、文艺表演、餐饮等工作，这些都直接推动了基诺族乡的社会经济发展。基诺族旅游产业的开发过程，始终坚持旅游发展与基诺族民族文化、生态环境相结合，始终坚持富民增收与增加就业、扩大开放相结合，努力打造旅游品牌，提高旅游质量，不断开拓市场，争取把旅游业培育成为基诺族乡的支柱性产业。

今天的基诺族人民，正在逐步实现经济发展、社会和谐、文化繁荣的目标。

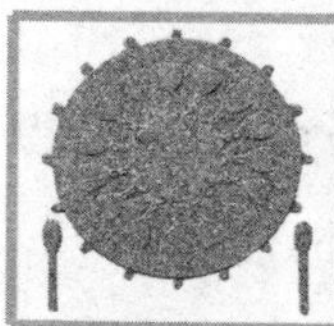

参考文献

[1] 杜玉亭．基诺族［M］．北京：民族出版社，1996.

[2] 陈平．基诺族风俗志［M］．北京：中央民族学院出版社，1993.

[3] 崔华洋．基诺族［M］．长春：吉林文史出版社，2010.

[4]《基诺族简史》编写组．基诺族简史［M］．北京：民族出版社，2008.

[5] 刘怡，白忠明．基诺族文化大观［M］．昆明：云南民族出版社，1999.

[6] 牧二．基诺族［M］．北京：外语教学与研究出版社，2011.

[7] 于希谦．基诺族文化史［M］．昆明：云南民族出版社，2000.

[8] 张云．中国基诺族［M］．银川：宁夏人民出版社，2011.

[9] 郑晓云．最后的长房——基诺族父系大家庭与文化变迁［M］．昆明：云南大学出版社，2005.

[10] 吕启博．森林政策变化对基诺族与其生存环境之间关系的影响［D］．云南省民族研究所，2009.

[11] 赵云艳．基诺族大鼓舞的形态与流变［D］．中央民族大学，2012.

[12] 白珍，张世均．基诺族民族文化传承的现状调查与分析［J］．西南民族大学学报，2009（8）．

[13] 董学荣．基诺族民族变迁的文化学阐释［J］．黑龙江民族学刊，2007（3）．

[14] 董学荣，罗维萍．改革开放以来基诺族的发展研究［J］．黑龙江民族学刊，2008（6）．

[15] 韩忠太，彭多毅．汉文化对基诺族青少年心理的影响［J］．云南社会科学，1995（6）．

[16] 胡阳全．近二十年基诺族研究综述［J］．云南民族学院学报，2012（5）．

[17] 牛江河．基诺族婚恋习俗的心理内涵［J］．中央民族大学学报，1996（6）．

[18] 赵新国，刘洁婷．人口较少民族扶持政策实施效果调查——以云南景洪市基诺山乡为例［J］．黑龙江民族学刊，2012（2）．

[19] 朱映占．基诺族传统生态文化及其变迁［J］．原生态民族文化学刊，2011（1）．

[20] 朱映占．村社组织变迁中的基诺族长老［J］．思想战线，2012（1）．

后记

基诺族，作为中国人口较少的少数民族之一，有着绵长悠久的历史和独具特色的文化。在全球一体化和民族融合的大背景下，及时地、全面地记录并传承基诺族的传统文化，是当前基诺族研究的重要内容之一。

作为一个刚进入民族学研究领域的晚辈，十分荣幸能够有机会承担《中国少数民族人口丛书·基诺族》一书的编写工作。在这一过程之中，我真正地走进了基诺族世界，充分地领略了基诺族的生活，通过对其自然历史、风俗习惯、人口家庭、经济生产等多方面的研究，完成了对基诺族的整体书写。这段历程，不仅是一次美丽的民俗风情之旅，更是一次畅快的学术探索之旅。

随着信息化时代的来临，基诺族不再是一个鲜为人知的民族，有关基诺族的文献资料也不只是拘泥于简单的文字描述，很多前辈学者已经对基诺族进行了深入透彻的研究。但是，一方面，相对于人口较多的民族而言，基诺族的资料仍然十分有限；另一方面，如何在现有的文献资料中辨别、取舍，从而让这本《基诺族》的内容更加丰富，让人们能够更加真实地了解基诺族，都成为我在实际写作中所要克服的困难。因此，首先我要感谢那些已经对基诺族做过深入研究的前辈们，是他们的辛勤耕耘为本书的写作提供了最宝贵的资料，是他们的研究成果让基诺族的文化得以广泛传播。

同时，我要感谢徐平教授的谆谆教导，徐老师的言传身教将是我一生的财富；感谢贾仲益教授的大力支持，是他教导我要担负起民族文化传承的责任；感谢包路芳老师在具体写作过程中给予的细心指导；感谢赵建利老师在现实生活中给予的无微不至的关照。正是因为有了这些老师的帮助和支持，我才能够坚持不懈，在学习中不断成长。

我还要感谢本书中相关图片的提供者，是他们让这本书更加生动、精彩。

最后，感谢中国人口出版社提供这样一个机会，让我能够一展所长，在知识积累中提升自己的学术能力。我更要感谢人口出版社的编辑们，是他们付出了大量的时间和精力，在幕后认真地核实资料，细致地校对排版。他们踏实谦逊的工作作风，一丝不苟的工作态度，着实令我敬佩。

因作者水平有限，加之时间仓促，书稿也存在着一些不足之处，希望能够得到读者们的批评和指正。我将以此自勉，越走越好。

作　者

2013 年 9 月